신비한
VR&AR
세상

코스페이시스

스타터

신비한 VR & AR 세상

코스페이시스
스타터

초판 발행일 | 2020년 4월 10일

지은이 | 창의콘텐츠연구소

펴낸이 | 박재영

총편집인 | 이준우

기획진행 | 김미경, 유효섭

도움 주신 분 | 조자영, 최진선

(주)해람북스 **주소** | 서울시 마포구 양화로 123, 8층(서교동, 경남관광빌딩)

문의전화 | 02-6337-5419 **팩스** 02-6337-5429

홈페이지 | http://www.hrbooks.co.kr

발행처 | (주)에듀파트너   **출판등록번호** | 제2016-000047호

ISBN 979-11-88450-49-7

예제파일 불러오기

1 [크롬(◉)]을 더블 클릭하여 크롬에 접속합니다.

2 주소창에 예제파일 주소를 입력하고, Enter 키를 누릅니다.

3 [코스페이시스] 예제가 나타나면 [리믹스] 버튼을 클릭한 후 [코스페이스 복사가 성 공했습니다.] 창이 나타나면 [사본 열기]를 클릭합니다.

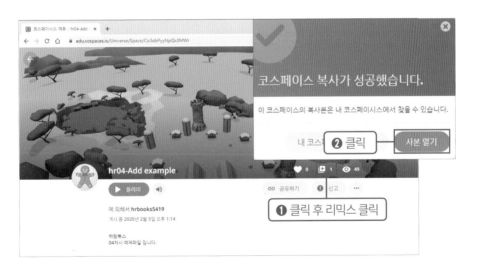

4 예제파일이 [내 코스페이스]에 복제되어 확인할 수 있습니다.

[1] QR코드를 생성할 코스페이스 작품을 클릭합니다.

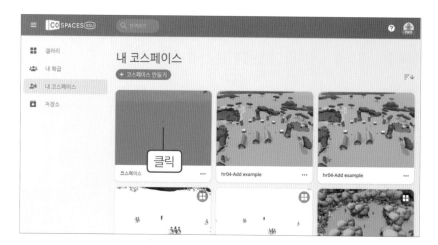

[2] 상단 메뉴 중 [공유하기]를 클릭한 후 공유 메시지가 나타나면 [지금 공유]를 클릭합니다.

[3] [공유방식을 선택하세요.] 창이 나타나면 [갤러리에 공유하기]를 클릭합니다.

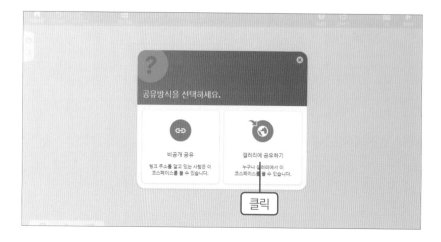

4 공유하는 코스페이스의 '이름'과 '설명'을 입력한 후 [공개] 탭에서 [갤러리에 공유하기]를
선택합니다. 이어서 리믹스하기에 체크하고 [지금 게시하기]를 클릭합니다.

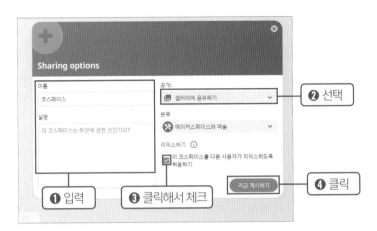

5 공유 페이지가 열리면 갤러리에 파일이 공유됩니다.

6 [공유하기]를 클릭하면 QR코드를 확인할 수 있습니다.

7 생성된 QR코드를 [코스페이시스] 앱으로 스캔하면 공유한 가상현실 작품을 체험할 수
있습니다.

이 책의 차례

신비한 VR & AR 세상
코스페이시스 스타터

신비한 VR & AR 세상
코스페이시스 스타터

CHAPTER

1

코스페이시스 확인하기

• 사이트 주소 : https://cospaces.io/edu/
• 예제파일 : [프리 플레이]–[+코스페이스 만들기]–[3D 환경]

—학습목표—

• 가상현실과 증강현실의 차이점을 알아볼 수 있습니다.
• 코스페이시스 기능을 확인할 수 있습니다.
• 코스페이시스 장면의 화면 구성을 확인할 수 있습니다.
• 오브젝트의 종류를 확인할 수 있습니다.

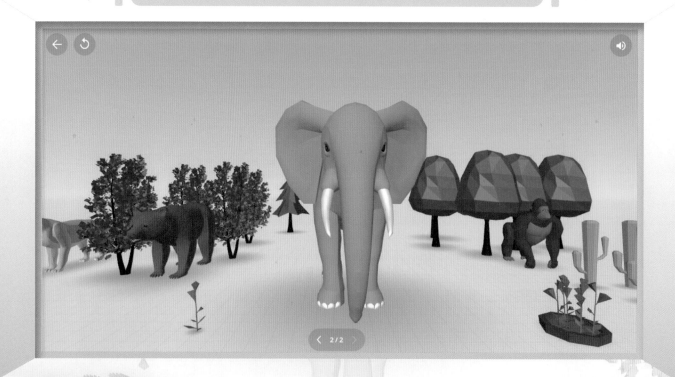

< 2/2 >

가상현실(VR)과 증강현실(AR)의 차이점

가상현실과 증강현실은 어떻게 다른지 차이점을 알아봅니다.

❶ 가상현실(Virtual Reality)은 다양한 컴퓨터 프로그램을 이용하여 만든 공간 안에서 사람이 현실세계에서 경험하지 못한 상황을 경험함으로써 다양한 체험을 할 수 있는 기술입니다. 가상현실은 발전하여 사람의 오감을 만족시켜 현실이 아닌 공간에서 현실인 것 같은 느낌을 받을 수 있습니다. 하지만 가상현실은 현실이 아니기 때문에 오랜 시간 체험을 하면 어지러움을 느낄 수 있습니다.

❷ 증강현실(Augmented Reality)은 가상현실과 마찬가지로 다양한 컴퓨터 프로그램을 이용하여 만든 정보로 현실에 가상의 인물이나, 사물에 대한 정보를 제공합니다. 이를 통해 산업에서는 회의 시간에 상품을 직접 시뮬레이션 해볼 수 있고, 집에서는 TV나 컴퓨터 화면 등을 벽면에 증강현실로 띄울 수 있어, 사용자에게 편리함을 제공합니다. 하지만 이런 편리한 증강현실에도 문제점이 있습니다. 첫 번째로는 얼마 전 유행했던 '포켓몬 Go' 게임처럼 증강과 현실이 구분되지 않아 사용자가 위험에 빠질 수 있고, 다양한 정보가 증강현실로 보였을 때 무분별한 정보가 제공될 수 있습니다.

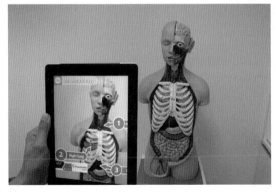

이러한 가상현실과 증강현실의 문제점이 해결되고, 더 발전을 하게 된다면 우리 생활에 더 많은 편리함을 제공하게 될 것입니다.

구분	가상현실(VR;Virtual Reality)	증강현실(AR;Augmented Reality)
개념	가상공간의 체험 활동	현실에 더한 정보 제공
사용 예	가상현실 운전 연습	자동차 앞 유리에 나타나는 내비게이션
체험 공간	가상	현실
체험 방법	HMD, 카드보드	휴대폰 어플
체험 시간	짧다.	길다.

▲ 가상현실(VR)과 증강현실(AR) 비교

2 코스페이시스 사이트 기능 확인하기

코스페이시스 사이트에서 제공하는 기능을 확인할 수 있습니다.

1 [코스페이시스]는 [크롬(●)]에 최적화되어 있기 때문에 [크롬(●)]이 설치되어 있지 않다면 [크롬]을 먼저 설치해야 합니다.

> 크롬 설치 주소 : https://www.google.com/chrome

2 [크롬(●)]이 설치되었다면 [코스페이시스] 사이트에 접속합니다.

> 코스페이시스 주소 : https://cospaces.io/edu

3 [코스페이시스] 홈페이지에서 [Log in]을 클릭한 후 '아이디'와 '비밀번호'를 입력하여 접속합니다.

> 꿀팁 [코스페이시스] 홈페이지 가입 방법은 출판사에서 제공하는 PDF를 참고하세요.

> 꿀팁 [코스페이시스] 홈페이지 접속 시 크롬의 언어 변환 메시지가 나타납니다. [번역]을 클릭하여 한국어로 번역해 사용합니다.

4 [코스페이시스] 홈페이지의 다양한 기능을 확인합니다.

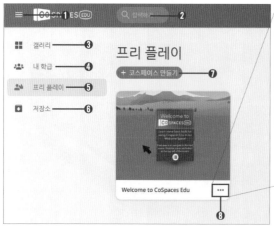

❶ 왼쪽에 나타난 메뉴 창을 아이콘만 보이도록 최소화하거나 글자가 보이도록 최대화합니다.

❷ 저장된 [코스페이시스] 작품을 검색할 수 있습니다.

❸ 다른 사용자가 만든 [코스페이시스] 작품을 체험하거나 자료로 가져와 사용할 수 있습니다.

❹ 선생님이 공유한 과제물을 확인할 수 있습니다.

❺ 과제와 상관없이 자유롭게 가상현실과 증강현실 작품을 만들고 체험할 수 있습니다.

❻ 완성한 파일을 모아 놓을 수 있습니다.

❼ 새로운 [코스페이시스] 작품을 만들 수 있습니다.

❽ 작품의 이름을 변경하거나 삭제·복사할 수 있고 [코스페이시스 저장소]로 작품을 이동할 수 있습니다.

3 코스페이시스의 장면 구성 화면 확인하기

코스페이시스의 작품을 만들 때 사용하는 공간인 장면의 구성 화면을 확인합니다.

1 [코스페이시스]의 작업창인 장면의 구성 화면을 확인하기 위해 왼쪽 메뉴 중 [프리 플레이]를 클릭합니다.

2 [프리 플레이] 창이 열리면 [+코스페이스 만들기(+ 코스페이스 만들기)]를 클릭합니다.

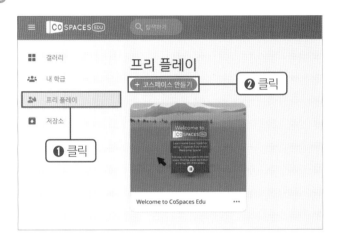

3 [장면 유형 선택] 창이 열리면 [3D 환경]을 클릭합니다.

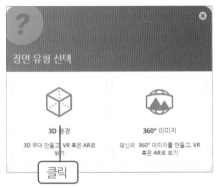

꿀팁 • 3D 환경 : 가상현실이나 증강현실을 작업할 수 있는 작업창입니다.
• 360° 이미지 : 360°로 촬영된 이미지를 감상할 수 있는 가상현실을 제작할 수 있는 작업창입니다.

4 작업창 상단에 위치한 메뉴를 확인합니다.

❶ [코스페이시스] 작업창(장면)을 빠져나가 [프리 플레이] 창으로 돌아갑니다.

❷ 작업한 내용을 취소하거나 다시 실행합니다.

❸ 오브젝트를 추가한 후 위치를 설정할 때 사용하면 편리합니다.

❹ 튜토리얼, 포럼, 도움말 등을 확인할 수 있습니다.

❺ [코블록스]를 실행하고 코딩을 할 수 있습니다.

❻ 완성한 작품을 감상할 수 있습니다.

꿀팁 작업 도중 사이트를 닫을 경우 작업하던 내용이 자동 저장됩니다.

5 작품을 만들 때 여러 장의 장면을 추가할 수 있습니다.

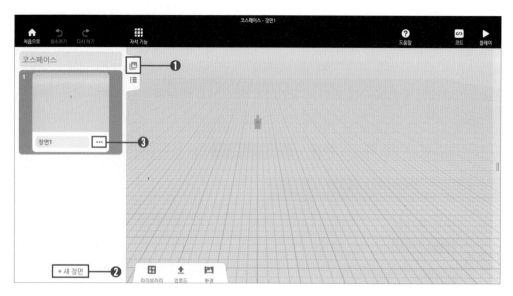

❶ 추가된 장면을 확인할 수 있습니다.

❷ 새로운 장면을 추가할 수 있습니다.

❸ 추가된 장면의 이름을 변경하거나 복사, 삭제할 수 있습니다.

6 작품에 다양한 오브젝트를 추가할 수 있습니다.

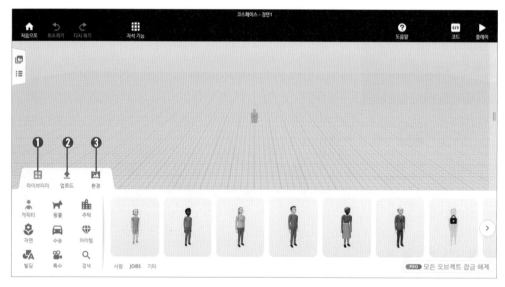

❶ [코스페이시스]에서 제공하는 오브젝트를 확인할 수 있습니다.

❷ [코스페이시스] 외부에서 가져온 3D 오브젝트를 업로드하거나 사진, 음악 등을 추가할 수 있습니다.

❸ 배경과 배경음악을 삽입할 수 있습니다.

 코스페이시스에서는 외부 3D 모델 작품을 불러와 사용할 수 있지만 [라이브러리]의 [빌딩]을 이용하면 새로운 작품을 직접 만들어 사용할 수도 있습니다.

4 오브젝트의 종류를 확인하고 추가하기

코스페이시스에서 제공하는 다양한 오브젝트를 확인하고 장면에 추가해 봅니다.

1 왼쪽 하단 메뉴 중 [라이브러리]를 클릭하여 오브젝트의 종류를 확인합니다.

2 오브젝트 목록 중에서 마음에 드는 오브젝트 그룹을 선택한 후 오른쪽에 나타난 오브젝트 중 마음에 드는 오브젝트를 선택하고 장면으로 드래그하여 장면에 추가합니다.

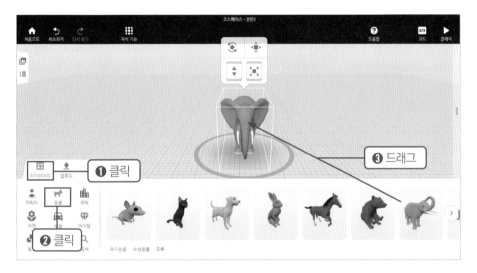

3 같은 방법으로 다른 그룹에 있는 오브젝트도 추가하여 장면을 꾸밉니다.

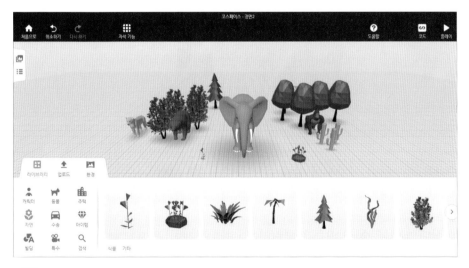

 장면에 오브젝트를 추가할 때 장면을 마우스로 드래그하여 회전시키지 않습니다. 장면 회전 방법을 배우지 않은 상태에서 장면을 회전시키면서 작업하면 어지러움을 느낄 수 있고, 가상현실 작업이 어렵다고 느낄 수 있기 때문입니다.

5 작품을 감상하고 저장하기

코스페이시스에서 완성한 작품을 가상현실로 감상해 봅니다.

① [코스페이시스] 상단 메뉴 중 [플레이]를 클릭하여 만든 작품을 가상현실로 실행합니다.

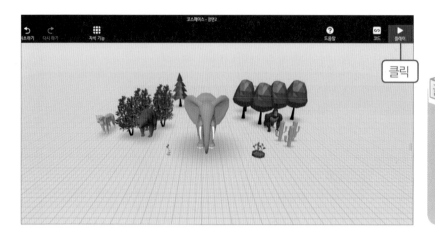

꿀팁 [플레이]를 클릭하면 완성한 작품을 컴퓨터로 확인할 수 있습니다. 가상현실로 작품을 감상하려면 [코스페이시스] 앱을 별도로 설치해야 합니다. [코스페이시스] 앱 사용 방법은 2강에서 확인할 수 있습니다.

② 키보드의 상하좌우 방향키를 이용하여 만들어진 작품을 감상합니다.

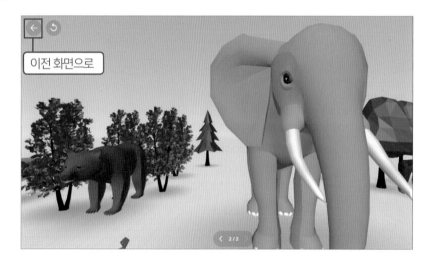

③ 감상이 끝나면 프로그램을 종료하고 저장하기 위해 왼쪽 상단의 [뒤로(←)] 를 클릭하여 실행 화면을 빠져나갑니다.

④ 장면으로 돌아와 왼쪽 상단의 [처음으로] 버튼을 클릭하여 [프리 플레이] 창으로 빠져나갑니다.

꿀팁 실행 화면에서 빠져나가면 작업한 장면이 자동으로 저장됩니다. 저장된 장면은 [프리 플레이] 창에 목록으로 표시되는데, 언제든지 목록을 클릭해서 저장해둔 장면을 다시 열 수 있습니다.

스스로
코스페이시스

예제파일 : [프리 플레이]-[+코스페이스 만들기]

1 | 자동차가 주차되어 있는 주차장을 만들어 봅니다.

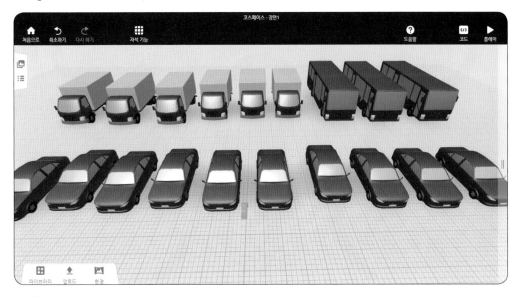

🔵 **나와라, 힌트!** [라이브러리]-[수송] 탭에서 오브젝트를 추가합니다.

2 | [플레이]를 클릭하여 완성한 주차장 주변을 경비원처럼 둘러봅니다.

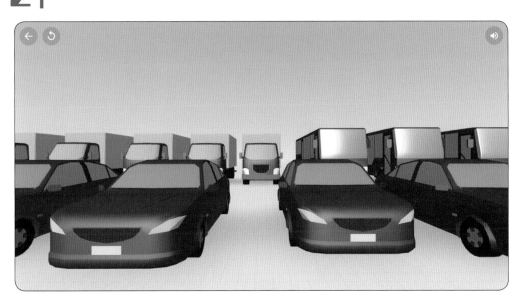

🔵 **나와라, 힌트!** 키보드의 '상하좌우' 방향키를 이용하여 문제를 해결합니다.

CHAPTER 2
갤러리 구경하기

학습목표

- [코스페이시스] 앱을 설치할 수 있습니다.
- [코스페이시스] 앱의 화면 구성을 확인할 수 있습니다.
- [코스페이시스] 앱을 사용하여 작품을 감상할 수 있습니다.

1 스마트폰에서 [Play 스토어(▶)] 앱을 실행합니다.

2 [Play 스토어]가 실행되면 '코스페이시스'를 검색한 후 [CoSpaces Edu] 앱을 설치합니다.

3 [CoSpaces Edu] 앱을 실행하면 다른 사용자가 만든 작품을 감상할 수 있는 [갤러리] 창이 열립니다.

4 [CoSpaces Edu] 앱의 다양한 기능을 확인합니다.

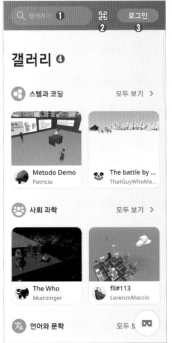

❶ 작품의 이름을 알고 있다면 작품을 직접 검색하여 감상할 수 있습니다.

❷ 작품에 해당하는 QR코드가 있다면 작품을 검색하지 않아도 QR코드를 통해 작품을 감상할 수 있습니다.

❸ 가입했던 동일한 아이디로 [CoSpaces Edu] 앱에도 로그인할 수 있습니다.

❹ [갤러리]는 공유된 다양한 작품을 확인할 수 있는 창으로, 작품을 선택하여 가상현실이나 증강현실로 감상할 수 있습니다.

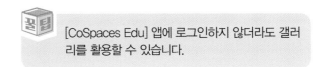

꿀팁 [CoSpaces Edu] 앱에 로그인하지 않더라도 갤러리를 활용할 수 있습니다.

2 코스페이시스 앱 화면 구성 확인하기

코스페이시스 앱을 사용하기 위해 화면 구성을 확인해 봅니다.

1 [코스페이시스] 앱에 로그인하기 위해 오른쪽 상단의 [로그인]을 클릭합니다.

2 [로그인] 창이 열리면 컴퓨터에서 사용하는 것과 동일한 아이디와 비밀번호를 입력한 후 [로그인]을 클릭합니다.

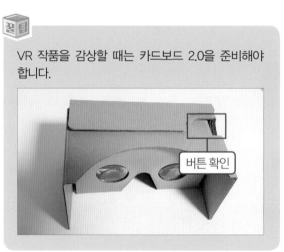

VR 작품을 감상할 때는 카드보드 2.0을 준비해야 합니다.

3 로그인 후 [코스페이시스] 앱의 메인 화면으로 돌아와 화면 구성을 확인합니다.

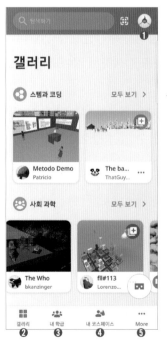

❶ 로그인 정보를 확인할 수 있습니다.
❷ 다른 사용자가 만든 다양한 작품을 감상하거나 파일을 복사하여 사용할 수 있습니다.
❸ 선생님이 나눠준 과제를 확인할 수 있습니다.
❹ 과제가 아닌 내가 스스로 만든 작품이 모여 있습니다.
❺ 저장소에 있는 작품을 확인할 수 있습니다.

'탐색하기'나 'QR코드'에 대한 내용은 이전 페이지에서 확인할 수 있습니다.

3 갤러리 작품 'VR'로 감상하기

코스페이시스 앱을 이용하여 다른 사람이 만든 작품을 VR로 감상해 봅니다.

1️⃣ 가상현실(VR)로 작품을 감상하기 위해 [코스페이시스] 앱의 탐색창에 'Aliens'를 입력한 후 검색합니다.

2️⃣ 'Aliens!' 작품이 목록에 나타나면 작품을 클릭한 후 [플레이]를 터치합니다.

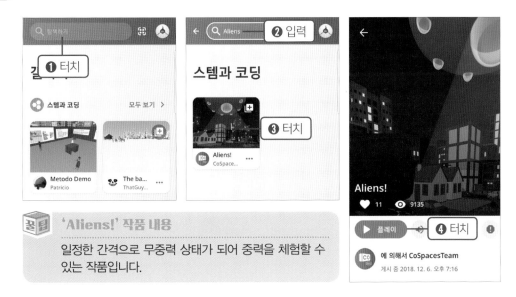

🧊꿀팁 'Aliens!' 작품 내용

일정한 간격으로 무중력 상태가 되어 중력을 체험할 수 있는 작품입니다.

3️⃣ 'Aliens!' 작품이 준비되면 [카드보드(📦)] 아이콘을 터치합니다.

4️⃣ 'Aliens!' 작품이 VR로 실행되면 준비된 카드보드 2.0에 스마트폰을 넣어 감상합니다.

🧊꿀팁 VR 작품 실행 종료 방법

왼쪽 상단의 [닫기(🔲)]를 클릭하면 실행 중인 작품을 종료할 수 있습니다.

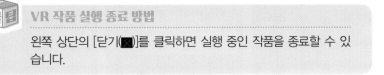

갤러리에 있는 작품 'AR'로 감상하기

코스페이시스 앱을 이용하여 다른 사람이 만든 작품을 감상해 봅니다.

1️⃣ 갤러리로 돌아와 증강현실(AR)을 감상하기 위해 [코스페이시스] 앱의 탐색창에 'Physics'를 입력한 후 검색합니다.

2️⃣ 'Physics with Coblocks' 작품이 목록에 나타나면 작품을 클릭한 후 [플레이]를 터치합니다.

'Physics with Coblocks' 작품 내용

물리 기능을 체험할 수 있는 작품으로 대포를 클릭하면 대포가 날아가 건물을 무너뜨립니다.

3️⃣ 'Physics with Coblocks' 작품이 준비되면 [증강현실(🔲)] 아이콘을 터치합니다.

4️⃣ 공간 인식 창이 나타나면 스마트폰을 회전시켜 공간을 인식합니다.

5️⃣ 공간이 인식되면 바닥을 터치하여 작품을 불러옵니다.

6️⃣ 작품이 실행되면 스마트폰을 들고 대포 쪽으로 걸어가 대포에 검정색 점을 맞춘 후 대포를 터치하여 건물을 무너뜨립니다.

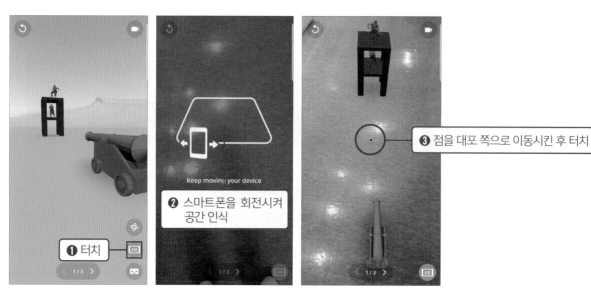

갤러리에 그룹별로 모여 있는 작품을 확인한 후 마음에 드는 작품을 VR이나 AR로 감상해 봅니다.

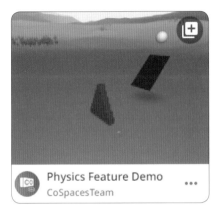

Physics Feature Demo | 물리 체험

Catapult | 물리 체험

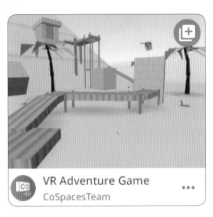

VR Adventure Game | 외다리 건너기 게임

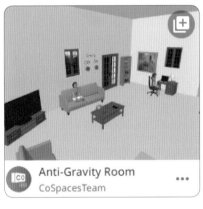

Anti-Gravity Room | 중력 체험

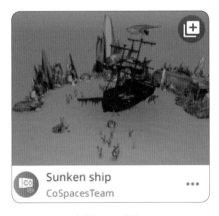

Sunken ship | 침몰선 탐험

Maze | 미로 탈출

화면 이동 방법 알아보기

• 예제파일 : [프리 플레이]–[+코스페이스 만들기]–[3D 환경]

—학습목표—

• 장면을 이동하는 다양한 방법을 배울 수 있습니다.
• 단축키로 장면을 이동시킬 수 있습니다.
• 샘플 파일로 장면의 시점을 바꾸는 연습을 할 수 있습니다.

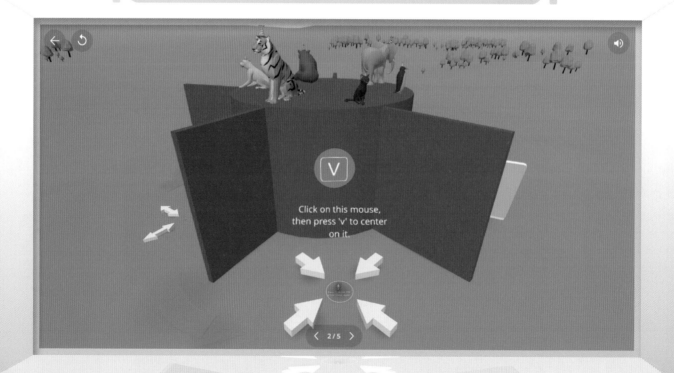

1 화면 이동 방법 배우기

작품을 만들 때 필요한 화면 이동 방법에 대해 알아봅니다.

1 [크롬(●)]을 실행한 후 [코스페이시스] 홈페이지(https://cospaces.io/edu)에 접속합니다.

2 페이지를 한국어로 번역한 후 [로그인]을 클릭하고 '아이디'와 '비밀번호'를 입력하여 로그인합니다.

3 [프리 플레이]-[+코스페이스 만들기(＋코스페이스 만들기)]-[3D 환경]을 클릭합니다.

4 장면이 열리면 왼쪽 하단 메뉴 중 [라이브러리]-[동물]을 클릭하여 '말'을 장면으로 드래그합니다.

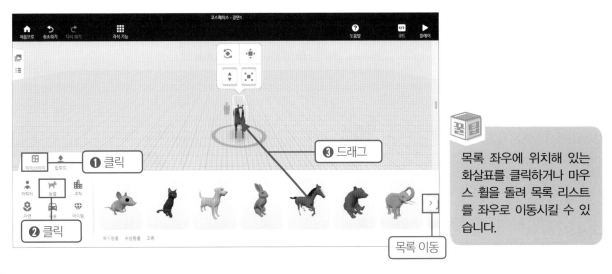

꿀팁 목록 좌우에 위치해 있는 화살표를 클릭하거나 마우스 휠을 돌려 목록 리스트를 좌우로 이동시킬 수 있습니다.

5 [라이브러리]를 다시 클릭하여 창을 숨깁니다.

꿀팁 [라이브러리] 탭을 클릭하여 도구 모음을 열거나 숨길 수 있습니다.

6 마우스의 휠을 밀거나 당기면 화면이 확대되거나 축소됩니다.

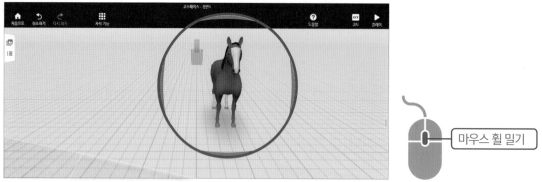

▲ 화면이 확대된 모습

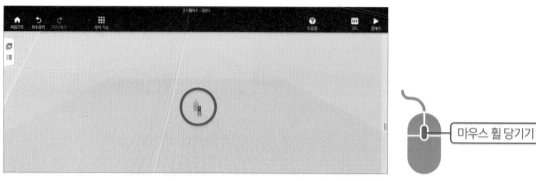

▲ 화면이 축소된 모습

7 마우스 왼쪽 버튼을 클릭한 상태에서 장면을 왼쪽과 오른쪽으로 드래그하면 드래그한 방향으로 장면이 회전됩니다.

▲ 왼쪽으로 드래그하여 왼쪽 방향으로 회전된 모습

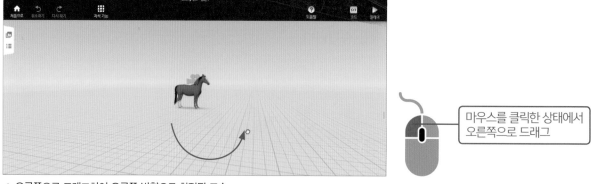

▲ 오른쪽으로 드래그하여 오른쪽 방향으로 회전된 모습

8 마우스 왼쪽 버튼을 클릭한 상태에서 장면을 위쪽과 아래쪽으로 드래그하면 드래그한 방향으로 장면이 회전됩니다.

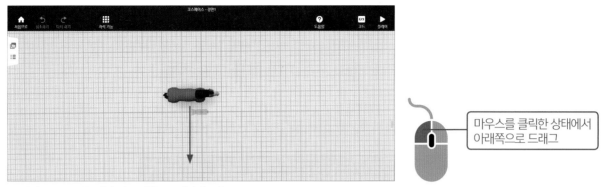

마우스를 클릭한 상태에서 아래쪽으로 드래그

▲ 아래쪽으로 드래그하여 위쪽 방향으로 회전된 모습

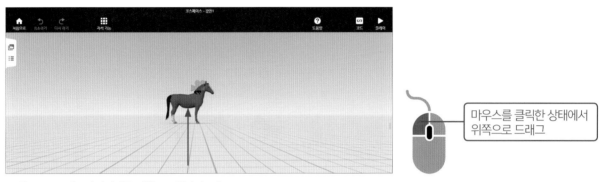

마우스를 클릭한 상태에서 위쪽으로 드래그

▲ 위쪽으로 드래그하여 아래쪽 방향으로 회전된 모습

9 키보드의 방향키를 눌러 장면을 회전합니다.

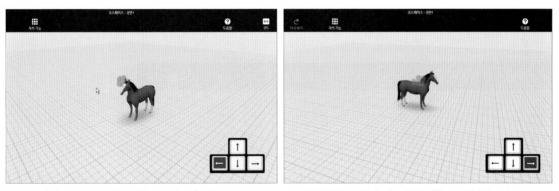

▲ 왼쪽 화살표키를 눌러 왼쪽 방향으로 회전된 모습

▲ 오른쪽 화살표키를 눌러 오른쪽 방향으로 회전된 모습

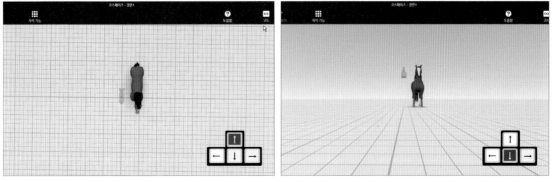

▲ 위쪽 화살표키를 눌러 위쪽 방향으로 회전된 모습

▲ 아래쪽 화살표키를 눌러 아래쪽 방향으로 회전된 모습

2 단축키로 화면 이동하기

단축키를 사용하여 화면을 전환하는 방법을 알아봅니다.

1 새로운 오브젝트를 추가하기 위해서 [라이브러리]-[동물]을 클릭합니다.

2 '말'과 떨어진 위치에 '코끼리' 오브젝트를 드래그하여 장면에 추가합니다.

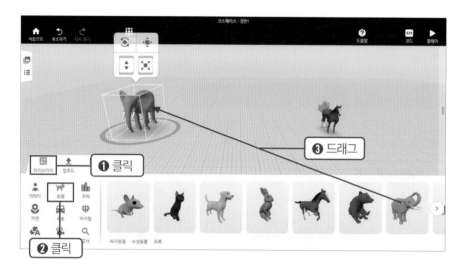

3 [라이브러리]를 클릭하여 창을 숨깁니다.

4 장면의 시점을 '말'로 이동시키기 위해 '말'을 선택한 후 키보드에서 Ⓥ 키를 누릅니다.

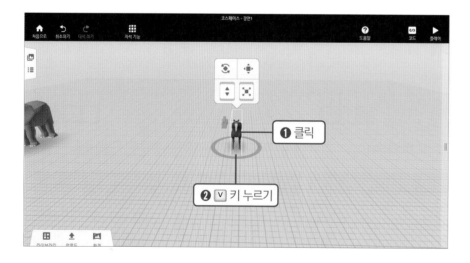

 Ⓥ 키를 누르면 선택한 오브젝트의 위치로 장면의 시점이 바뀝니다. 이 기능은 장면에 여러 개의 오브젝트가 있을 경우 작업할 오브젝트를 선택할 때 사용합니다.

5 키보드의 Space 키를 누른 상태로 장면을 마우스로 드래그하여 장면을 좌우로 이동시켜 봅니다.

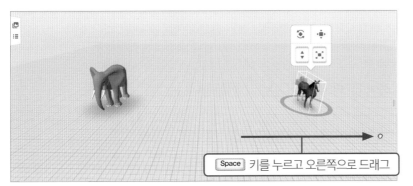

Space 키를 누르고 오른쪽으로 드래그

▲ Space 키를 누른 채 오른쪽으로 드래그하여 장면 왼쪽으로 이동

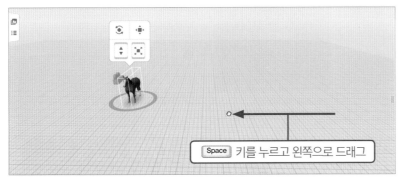

Space 키를 누르고 왼쪽으로 드래그

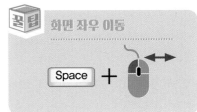

▲ Space 키를 누른 채 왼쪽으로 드래그하여 장면 오른쪽으로 이동

6 키보드의 Space 키를 누른 상태로 장면을 위아래로 드래그하여 장면을 앞뒤로 이동시켜 봅니다.

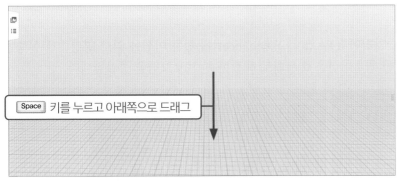

Space 키를 누르고 아래쪽으로 드래그

▲ Space 키를 누른 채 아래쪽으로 드래그하여 장면을 앞쪽으로 이동

Space 키를 누르고 위쪽으로 드래그

▲ Space 키를 누른 채 위쪽으로 드래그하여 장면을 뒤쪽으로 이동

3 샘플 파일을 클릭하여 장면 이동 연습하기

코스페이시스의 [프리 플레이]에 있는 샘플 파일을 활용합니다.

1 왼쪽 상단의 [처음으로]를 클릭하여 [프리 플레이] 창으로 이동합니다.

2 [프리 플레이] 창이 나타나면 [Welcome to CoSpaces Edu] 목록을 클릭합니다.

3 장면 이동을 연습하기 위해 [장면 목록] 버튼을 클릭한 후 [Desktop Navigation] 목록을 클릭합니다.

4 [Desktop Navigation] 장면이 열리면 [Desktop Navigation]에 있는 미션을 읽고 명령대로 실행합니다. 장면을 오른쪽으로 이동하여 4단계의 미션을 순서대로 해결한 후 프로그램을 종료합니다.

▲ [1단계] 마우스를 클릭한 후 드래그하여 장면을 회전시키기

▲ [2단계] Space 키를 누르고 마우스로 드래그하여 장면을 이동하기

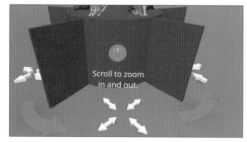

▲ [3단계] 마우스 휠을 밀거나 당겨 오브젝트를 확대 및 축소 시키기

▲ [4단계] 노란색 원 안에 있는 오브젝트를 클릭한 후 V 키를 눌러 시점 옮기기

마우스를 좌우로 드래그하면 각각의 미션을 확인할 수 있습니다.

예제파일 : [프리 플레이]─[+ 코스페이스]─[3D 환경]

1 [라이브러리]─[동물]에서 '쥐'와 '고양이'를 장면에 추가한 후 '쥐'를 중심으로 장면을 이동시켜 봅니다.

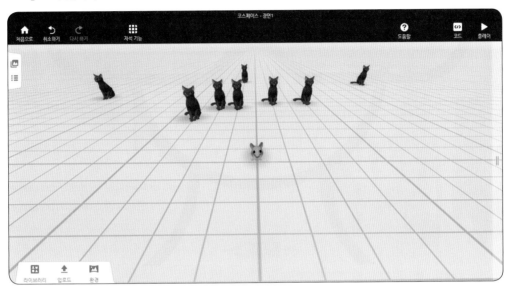

📍 **나와라, 힌트!** 단축키 ⓥ 를 이용하여 장면의 시점을 이동시켜 봅니다.

2 [라이브러리]─[동물]에서 '강아지'를 드래그하여 '고양이' 뒤쪽에 추가한 후 장면을 위쪽에서 바라본 모습으로 회전시켜 '강아지'가 '고양이'를, '고양이'가 '쥐'를 쫓는 모습을 만들어 봅니다.

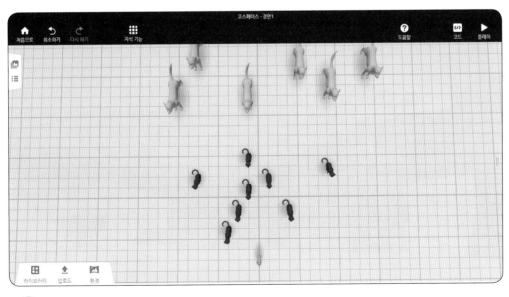

📍 **나와라, 힌트!** 위쪽 화살표 키를 눌러 장면을 회전해 봅니다.

오브젝트 속성 변경하기

- 예제파일 : https://cospac.es/YQOm
- 완성파일 : https://cospac.es/bU6c

학습목표

- 오브젝트의 이름을 변경할 수 있습니다.
- 오브젝트의 크기를 변경할 수 있습니다.
- 오브젝트의 위치를 변경할 수 있습니다.

오브젝트 이름 변경하기

알아보기 쉬운 이름으로 오브젝트의 이름을 변경해 봅니다.

① [크롬(◉)]을 실행한 후 [코스페이시스] 홈페이지(https://cospaces.io/edu)에 접속합니다.

② 페이지를 한국어로 번역한 후 [로그인]을 클릭하고 '아이디'와 '비밀번호'를 입력하여 로그인합니다.

③ 과제를 확인하기 위해 [내 학급]-[해당과정]-[hr04-example]을 순서대로 클릭합니다.

④ [hr04-example] 창이 열리면 미션 내용을 확인한 후 [닫기(⊗)]를 클릭하여 창을 닫습니다.

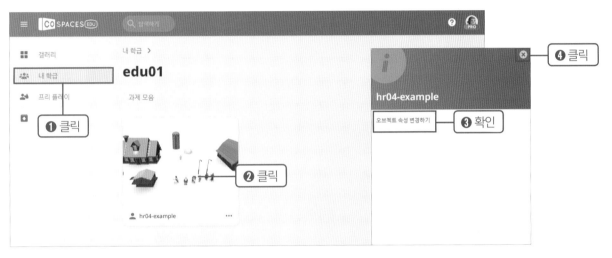

꿀팁 [해당과정]은 선생님이 만든 과정의 이름으로 학급마다 이름을 다르게 설정할 수 있습니다.

⑤ [hr04-example] 장면이 나타나면 오브젝트의 이름을 변경하기 위해 '눈사람'을 선택한 후 마우스 오른쪽 버튼을 클릭합니다.

꿀팁 **오브젝트의 이름을 변경하는 이유**

[코스페이시스]는 코딩을 통해 오브젝트의 움직임을 변경하거나 미션을 추가할 수 있습니다. 이때 오브젝트의 이름이 정확하지 않으면 코딩을 할 때마다 이름을 확인해야 하는 일이 발생합니다. 이런 불필요한 과정을 없애기 위해 코딩에 사용할 오브젝트의 이름을 변경하는 것이 좋습니다.

6 'Snowman'을 삭제하고 '눈사람'이라고 입력한 후 장면의 아무 곳이나 클릭합니다.

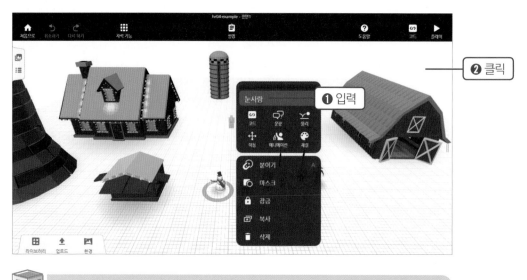

꿀팁 장면의 아무 곳이나 클릭하면 변경한 이름이 적용된 후 [속성] 창이 닫힙니다.

7 다른 오브젝트들의 이름도 변경해 봅니다.

▲ 눈사람　　　　▲ 산타1　　　　▲ 산타2

▲ 외계인　　　　▲ 드라큘라　　　　▲ 마녀

2 오브젝트 크기 변경하기

오브젝트의 크기를 자유롭게 변경하는 방법을 알아봅니다.

1️⃣ '눈사람'의 크기를 변경하기 위해 '눈사람' 오브젝트를 클릭합니다.

2️⃣ '눈사람' 오브젝트를 클릭하면 나타나는 도구를 확인합니다.

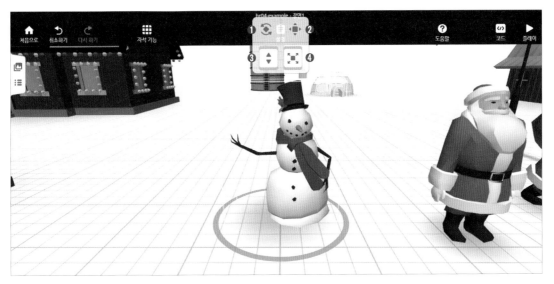

❶ **회전 모드** : X, Y, Z축을 기준으로 오브젝트의 방향을 회전시킬 수 있습니다.
❷ **이동 모드** : X, Y, Z축을 기준으로 오브젝트의 위치를 이동시킬 수 있습니다.
❸ **드래그해서 올리기** : 오브젝트를 위쪽이나 아래쪽으로 이동시킬 수 있습니다.
❹ **드래그해서 크기 바꾸기** : 오브젝트의 크기를 크게 또는 작게 변경할 수 있습니다.

3️⃣ '눈사람' 도구 중 [드래그해서 크기 바꾸기(▨)]를 클릭한 상태에서 위쪽으로 드래그합니다.

 [드래그해서 크기 바꾸기(▨)]를 클릭한 상태에서 아래쪽으로 드래그하면 오브젝트의 크기가 작아집니다.

3 오브젝트 위치 변경하기

오브젝트의 위치를 자유롭게 변경하여 마을을 완성해 봅니다.

1 '눈사람'의 방향을 바꾸기 위해 '눈사람' 도구 중에서 [회전 모드(◎)]를 클릭합니다.

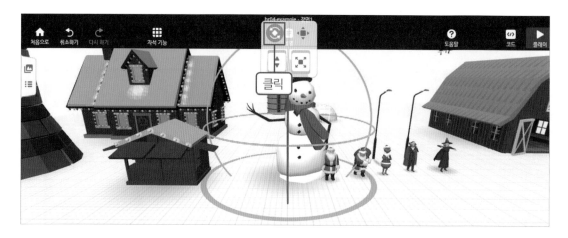

2 '눈사람'의 'Z'축(파란색)을 오른쪽으로 드래그하여 '눈사람'이 '산타'를 바라보게 합니다.

색깔로 축 알아보기

- 빨간색 : X축
- 초록색 : Y축
- 파란색 : Z축

3 다른 '캐릭터'들도 자유롭게 방향을 바꿔봅니다.

4 '건물' 오브젝트의 위치를 변경하기 위해 상단 메뉴 중 [자석 기능]을 클릭합니다.

5 [자석 기능]의 메뉴를 확인합니다.

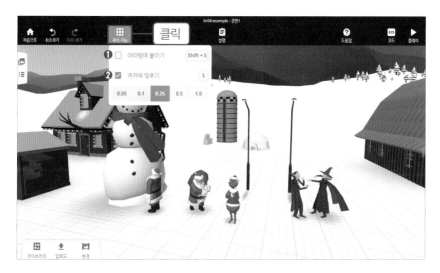

❶ **아이템에 붙이기** : 오브젝트의 곁에 다른 오브젝트를 붙일 수 있습니다.

▲ [아이템에 붙이기]일 때   ▲ [아이템에 붙이기]가 아닐 때

❷ **격자에 맞추기** : 오브젝트를 일정한 간격으로 배치할 수 있습니다.

▲ 0.05일 때   ▲ 0.1일 때   ▲ 0.25일 때   ▲ 0.5일 때   ▲ 1.0일 때

격자의 숫자는 장면의 바닥면에 나타나는 격자의 크기를 나타냅니다. 격자를 사용하면 오브젝트의 간격을 맞춰가며 위치를 이동시킬 수 있습니다.

6 [자석 기능]의 [격자에 맞추기]에서 격자의 크기를 '1.0'으로 선택하고 건물 간격을 5칸씩 띄워가며 위치를 이동시켜 봅니다.

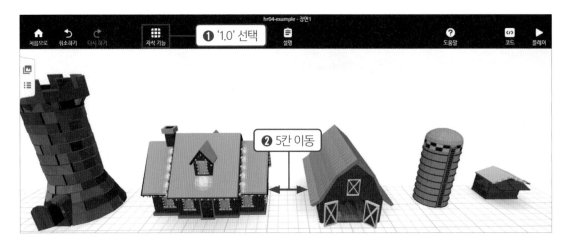

7 '건물' 오브젝트에 캐릭터를 붙이기 위해 [자석 기능]에서 [격자에 맞추기] 항목을 클릭해서 선택 해제하고 [아이템에 붙이기] 항목을 클릭해서 선택합니다.

8 '캐릭터' 오브젝트를 '건물' 오브젝트로 드래그하여 다음과 같이 붙여봅니다.

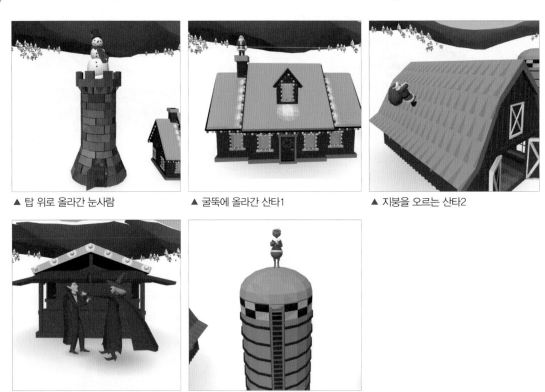

▲ 탑 위로 올라간 눈사람　　　▲ 굴뚝에 올라간 산타1　　　▲ 지붕을 오르는 산타2

▲ 건물 앞에서 싸우는 마녀와 드라큘라　　　▲ 건물 위에서 우주에 신호를 보내는 외계인

9 다른 오브젝트도 추가하여 위치와 크기, 방향을 자유롭게 변경해 봅니다.

10 장면을 완성하면 상단 메뉴 중 [플레이]를 클릭하여 완성한 작품을 감상합니다.

스스로
코스페이시스

예제파일 : https://cospac.es/36Qp | 완성파일 : https://cospac.es/tk5F

1 | [자석 기능]을 이용하여 오브젝트의 크기와 위치를 자유롭게 변경해 봅니다.

📍 나와라, 힌트! [자석 기능]-[격자에 맞추기]를 체크하여 문제를 해결해 봅니다.

2 | [회전 모드(◎)]를 선택한 후 오브젝트의 방향을 자유롭게 바꿔 봅니다.

📍 나와라, 힌트! [회전모드(◎)]를 클릭하고 파란색 선(Z축)을 드래그해 봅니다.

CHAPTER

5

요리사가 되어 음식 세팅하기

• 예제파일 : https://cospac.es/Apb2
• 완성파일 : https://cospac.es/ekG7

— 학습목표 —

- [아이템에 붙이기] 기능을 활용할 수 있습니다.
- 주문한 요리를 테이블에 추가할 수 있습니다.
- 아이템을 복제할 수 있습니다.

1 주방용품 정리하기

[아이템에 붙이기] 기능을 사용하여 주방용품들을 정리해 봅니다.

1. [크롬(◉)]을 실행한 후 [코스페이시스] 홈페이지(https://cospaces.io/edu)에 접속합니다.

2. 페이지를 한국어로 번역한 후 [로그인]을 클릭하고 '아이디'와 '비밀번호'를 입력하여 로그인합니다.

3. 과제를 확인하기 위해 [내 학급]-[해당과정]-[hr05-example]을 순서대로 클릭합니다.

4. [hr05-example] 창이 열리면 미션 내용을 확인한 후 [닫기(❌)]를 클릭하여 창을 닫습니다.

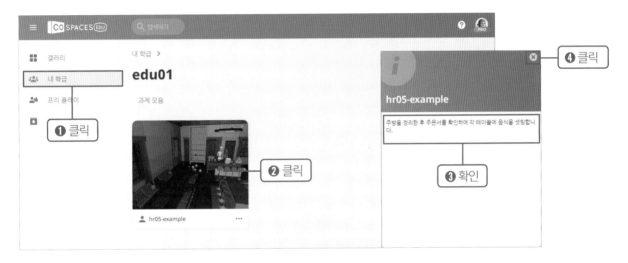

5. 주방용품을 정리하기 위해 [자석 기능]-[아이템에 붙이기] 항목이 체크되어 있는지 확인합니다.

🍯꿀팁 [아이템에 붙이기] 기능이 불편하다면 꼭 사용하지 않아도 상관은 없습니다. 하지만 수납장에 주방용품을 쌓아 올리려면 [아이템에 붙이기] 기능을 활용하는 것이 편리합니다.

6 정리할 주방용품을 하나 선택한 후 V 키를 누릅니다.

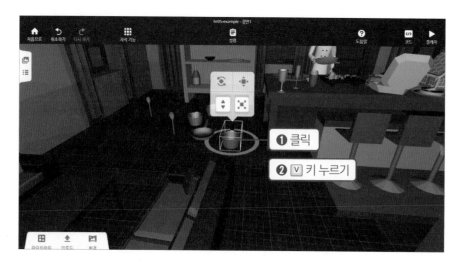

7 Space 키를 누른 상태로 마우스를 아래쪽으로 드래그하여 '장' 오브젝트가 있는 쪽으로 시점을 이동합니다.

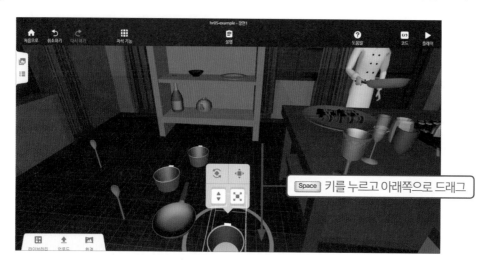

8 선택한 주방용품을 '장' 안으로 드래그하여 선반 안에 채워 넣습니다.

9 [회전 모드(◎)]를 클릭한 후 파란색 선을 드래그하여 오브젝트를 회전시킵니다.

10 바닥에 떨어져 있는 다른 주방용품들도 6 ~ 9 와 같은 방법으로 깔끔하게 정리하여 주방을 깨끗하게 만들어 봅니다.

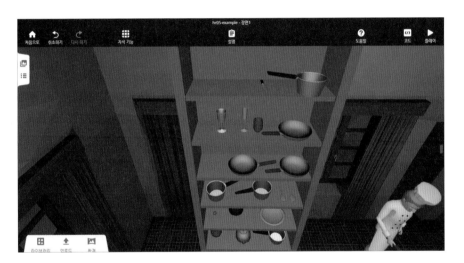

 [아이템에 붙이기] 기능을 이용하여 오브젝트를 이동시킬 때 원하는 방향으로 회전되지 않을 경우 [아이템에 붙이기]를 해제한 후 작업하면 됩니다.

주문서를 확인하고 테이블에 요리 세팅하기

각 테이블의 위치와 주문서를 확인하고 테이블에 요리를 세팅해 봅니다.

1 '테이블'과 '판매 요리'를 확인합니다.

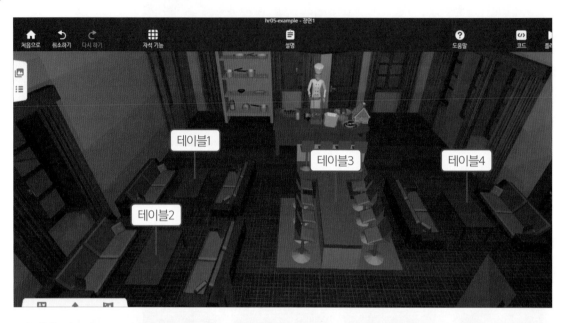

▲ 모둠 꼬치

▲ 스테이크

▲ 통닭

▲ 햄버거

▲ 샌드위치

▲ 랍스타

▲ 모둠 초밥

▲ 과자집

▲ 와인

▲ 차

2 '주문서'에 적혀 있는 요리를 확인합니다.

테이블1		테이블2		테이블3		테이블4	
종류	개수	종류	개수	종류	개수	종류	개수
모둠 꼬치	1	스테이크	4	햄버거	4	통닭	1
모둠 초밥	1	랍스타	1	샌드위치	2	모둠 꼬치	1
과자집	1	와인	1	차	1	와인	1
스테이크	1	와인잔	4	찻잔	4	와인잔	4

▲ 테이블별 주문서

③ '주문서'를 확인하고 테이블마다 요리를 세팅하기 위해 우선 '모둠 꼬치'를 선택합니다.

④ [Alt] 키를 누른 상태로 선택한 '모둠 꼬치'를 '테이블1'로 드래그합니다.

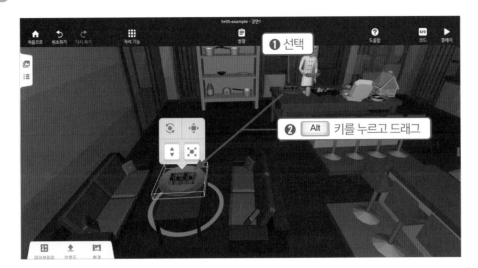

 오브젝트를 복제할 때는 우선 복제할 오브젝트를 선택한 후 [Alt] 키를 누르고 드래그합니다.

⑤ ④와 같은 방법으로 '모둠 초밥'을 '테이블1'로 드래그합니다.

⑥ 테이블 크기에 맞춰 오브젝트의 크기를 조절합니다.

오브젝트 도구 중 [드래그해서 크기 바꾸기( )]를 이용하여 음식의 크기를 테이블에 맞춰 조절합니다.

7 ⑤ ~ ⑥과 같은 방법으로 다른 음식들도 복제하여 테이블에 세팅합니다.

▲ '테이블1' 세팅 모습

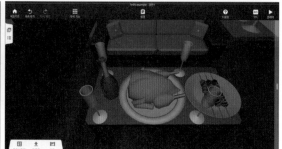

▲ '테이블2' 세팅 모습

▲ '테이블3' 세팅 모습

▲ '테이블4' 세팅 모습

8 '주문서'대로 테이블 세팅이 끝나면 상단 메뉴 중 [플레이]를 클릭하여 작품을 감상합니다.

스스로
코스페이시스

예제파일 : https://cospac.es/jeR8 | 완성파일 : https://cospac.es/Ly26

1| '양떼 목장'을 만들기 위해 '나무'를 복제하여 '우리' 주변을 울창한 숲으로 꾸며 봅니다.

나와라, 힌트! 오브젝트를 선택하고 [Alt] 키를 누른 상태로 드래그 해봅니다.

2| 오브젝트를 복제하여 '양떼'를 만든 후 '양'들의 방향을 회전시켜 봅니다.

나와라, 힌트! [회전모드(↻)]를 클릭하고 파란색 선을 드래그해 봅니다.

CHAPTER

6

스타일리스트가 되어 모델 옷 입히기

- 예제파일 : https://cospac.es/IGhu
- 완성파일 : https://cospac.es/KMvL

학습목표

- 아이템을 장면에 추가할 수 있습니다.
- 캐릭터의 살색, 옷색, 머리색을 변경할 수 있습니다.
- 아이템을 캐릭터에 붙일 수 있습니다.

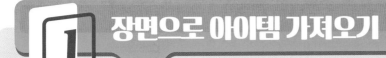

1 장면으로 아이템 가져오기

필요한 아이템들을 테이블에 추가합니다.

[1] [크롬(◉)]을 실행한 후 [코스페이시스] 홈페이지(https://cospaces.io/edu)에 접속합니다.

[2] 페이지를 한국어로 번역한 후 [로그인]을 클릭하고 '아이디'와 '비밀번호'를 입력하여 로그인합니다.

[3] 과제를 확인하기 위해 [내 학급]-[해당과정]-[hr06-example]을 순서대로 클릭합니다.

[4] [hr06-example] 창이 열리면 미션 내용을 확인한 후 [닫기(◉)]를 클릭하여 창을 닫습니다.

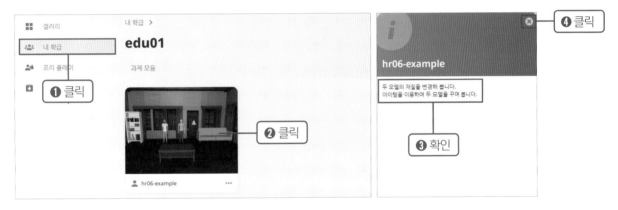

[5] '아이템'을 '테이블' 위에 추가하기 위해 [자석 기능]-[아이템에 붙이기]를 체크합니다.

[6] [라이브러리]-[아이템]-[악세사리]에서 '카우보이모자'를 장면으로 드래그하여 테이블 위에 올려 둡니다.

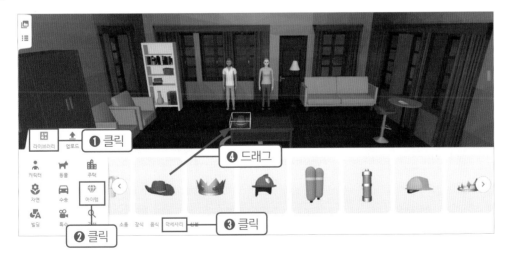

[7] 이어서 다음 아이템들을 찾아 테이블에 추가합니다.

2 오브젝트의 재질 변경하기

캐릭터의 얼굴색과 옷색을 바꿔 봅니다.

1 '남자 모델'의 얼굴색과 옷색을 바꾸기 위해 '남자 모델'을 선택한 후 마우스 오른쪽 버튼을 클릭합니다.

2 오브젝트 [속성] 창이 나타나면 [재질]을 클릭한 후 [색상] 창이 나타나면 [Hair] 탭에서 노란색을 선택합니다.

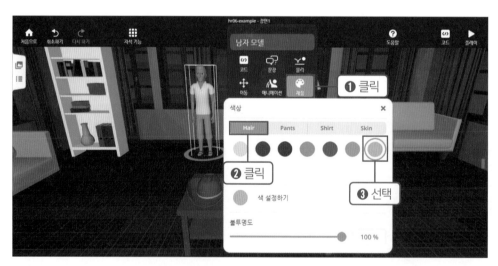

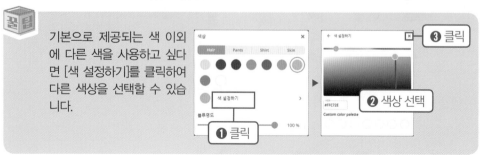

기본으로 제공되는 색 이외에 다른 색을 사용하고 싶다면 [색 설정하기]를 클릭하여 다른 색상을 선택할 수 있습니다.

③ 오브젝트의 'Pants', 'Shirt', 'Skin'의 색상도 자유롭게 변경해 봅니다.

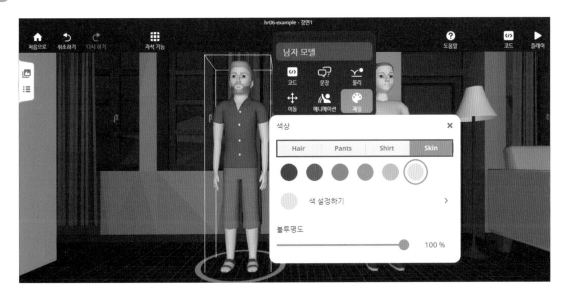

④ ② ~ ③과 같은 방법으로 '여자 모델'의 얼굴색과 옷색을 바꾸기 위해 '여자 모델'을 선택한 후 마우스 오른쪽 버튼을 클릭하여 [재질]을 선택합니다.

⑤ [색상] 창이 나타나면 [Hair], [Pants], [Skin], [Sweater] 탭을 각각 클릭하여 색상을 자유롭게 변경해 봅니다.

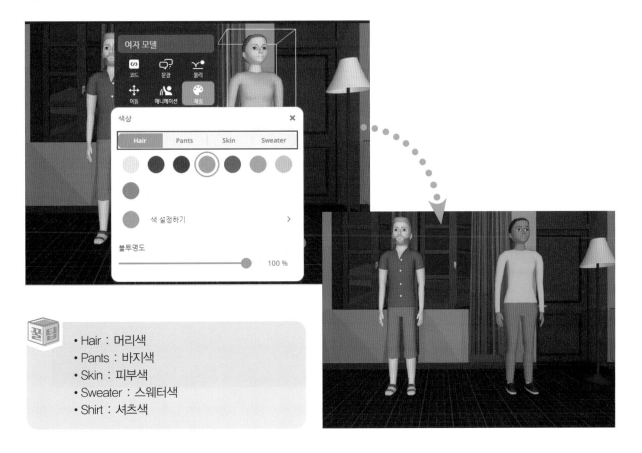

• Hair : 머리색
• Pants : 바지색
• Skin : 피부색
• Sweater : 스웨터색
• Shirt : 셔츠색

캐릭터에 아이템 붙이기

테이블 위에 있는 아이템을 이용하여 캐릭터를 꾸며 봅니다.

1 '남자 모델'에게 '카우보이모자'를 씌우기 위해 '카우보이모자'를 선택한 후 마우스 오른쪽 버튼을 클릭하여 [붙이기]를 클릭합니다.

2 '남자 모델'의 머리 위에 나타난 파란색 점을 클릭합니다.

 오브젝트를 다른 오브젝트에 붙일 때는 붙이려는 부분의 파란색 점이 보이도록 하기 위해 먼저 장면을 회전시켜야 합니다.

③ '남자 모델'에게 '카우보이모자'가 씌워지면 마우스 오른쪽 버튼을 클릭하고 [재질] 탭에서 색을 선택하여 '카우보이모자'의 색을 변경해 봅니다.

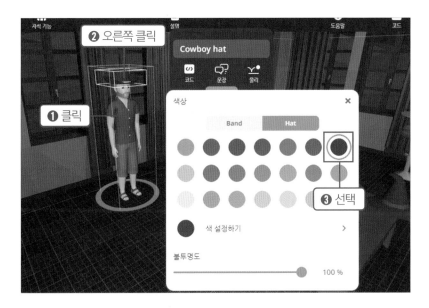

④ 이어서 '가방'을 '여자 모델'에 붙이기 위해 '가방'을 '여자 모델' 옆으로 드래그하여 이동시킵니다.

⑤ 마우스로 장면을 드래그하여 '여자 모델'의 등이 보이도록 장면을 회전시킵니다.

⑥ '가방'을 선택한 후 마우스 오른쪽 버튼을 클릭하여 [붙이기]를 클릭합니다.

7 '여자 모델'의 등에 표시된 파란색 점을 클릭합니다.

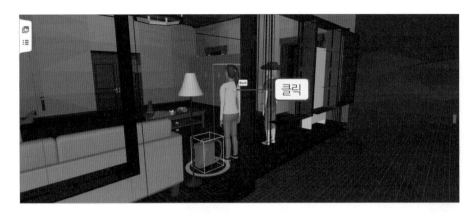

8 '가방'이 '여자 모델'에 붙여지면 '가방'을 마우스 오른쪽 버튼으로 클릭하고 [재질] 탭에서 색을 선택하여 가방의 색을 변경해 봅니다.

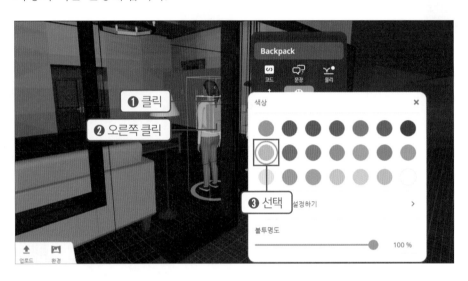

9 다른 '아이템'들도 같은 방법으로 '여자 모델'과 '남자 모델'에 붙여 봅니다.

10 '아이템'을 모두 붙이면 상단 메뉴 중 [플레이]를 클릭하여 두 모델을 감상합니다.

스스로
코스페이시스

예제파일 : https://cospac.es/0S62 | 완성파일 : https://cospac.es/cxkl

1 | '여자 모델'과 함께 나갈 '강아지'를 꾸며 봅니다.

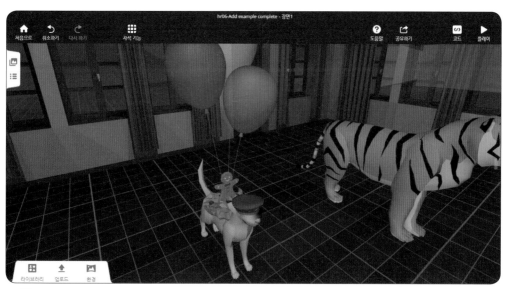

나와라,
힌트! 붙일 '아이템'의 [속성] 창에서 [붙이기]를 클릭해 봅니다.

2 | '남자 모델'과 함께 나갈 '호랑이'를 꾸며 봅니다.

나와라,
힌트! 오브젝트의 [속성] 창에서 [재질]과 [복제], [붙이기]를 이용하여 문제를 해결합니다.

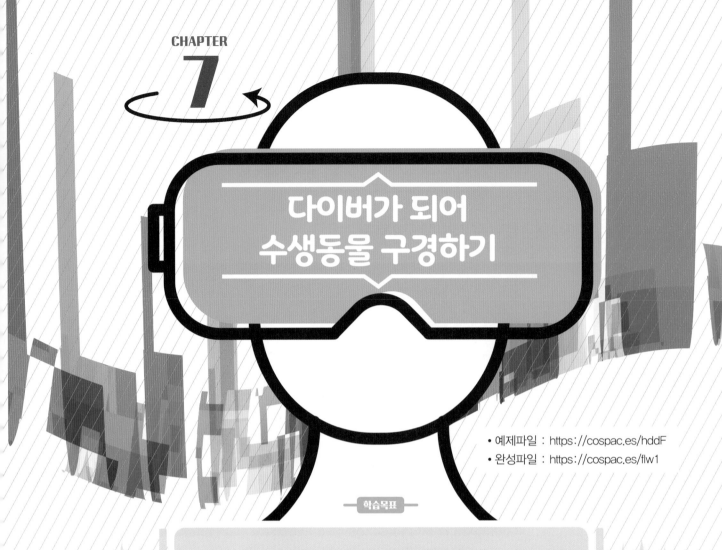

다이버가 되어
수생동물 구경하기

- 예제파일 : https://cospac.es/hddF
- 완성파일 : https://cospac.es/flw1

학습목표

- 수생동물을 추가하여 바닷속을 꾸밀 수 있습니다.
- 수생동물에 애니메이션을 추가할 수 있습니다.
- 카메라 기능을 활용할 수 있습니다.

1 수생동물 추가하기

바닷속에 어울리는 수생동물을 추가해 봅니다.

1 [크롬(◉)]을 실행한 후 [코스페이시스] 홈페이지(https://cospaces.io/edu)에 접속합니다.

2 페이지를 한국어로 번역한 후 [로그인]을 클릭하고 '아이디'와 '비밀번호'를 입력하여 로그인합니다.

3 과제를 확인하기 위해 [내 학급]-[해당과정]-[hr07-example]을 순서대로 클릭합니다.

4 [hr07-example] 창이 열리면 미션 내용을 확인한 후 [닫기(▣)]를 클릭하여 창을 닫습니다.

5 비어 있는 바닷속을 '수생동물'로 채우기 위해 [라이브러리]-[동물]-[수생동물]을 클릭한 후 '돌고래'를 드래그하여 장면에 추가합니다.

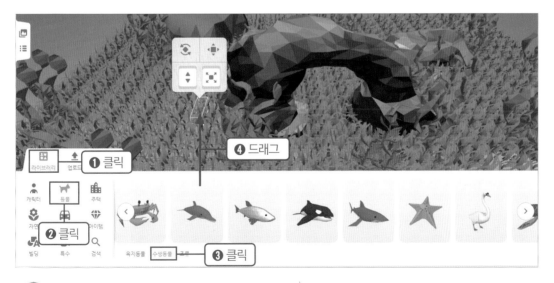

 수생동물이라고 해도 모든 오브젝트는 장면으로 이동했을 때 바닥에 추가됩니다. 이번 차시에서는 바닷속 바닥에 수풀이 깔려 있어 추가한 오브젝트가 보이지 않을 수도 있으니 위치를 잘 기억해 둬야 합니다.

6 '돌고래'가 공중에 떠워질 수 있도록 '돌고래' 도구 중 [드래그해서 올리기(⁝)]를 클릭한 상태에서 위쪽으로 드래그합니다.

7 [드래그해서 크기 바꾸기(⬚)]를 클릭하고 위쪽으로 드래그하여 '돌고래'의 크기를 키웁니다.

8 5 ~ 7 과 같은 방법으로 '범고래'도 장면에 추가한 후 '범고래'의 크기와 위치를 변경해 봅니다.

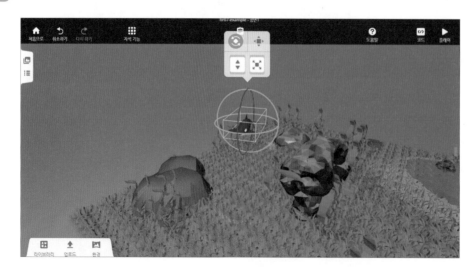

⑨ 다른 '수생동물'들도 장면에 추가한 후 크기와 방향을 변경해 봅니다.

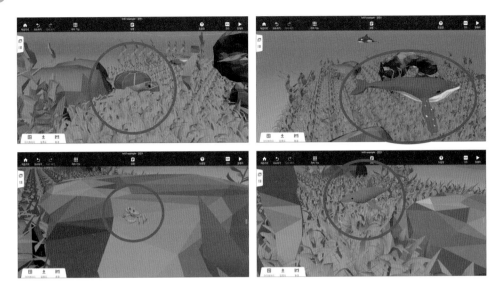

⑩ [라이브러리]-[동물]-[수생동물]에서 '물고기'를 드래그하여 장면에 추가한 후 '물고기'를 공중으로 띄웁니다.

⑪ [Alt] 키를 이용해 '물고기'를 여러 마리 복제하여 '물고기떼'를 만들어 봅니다.

2 애니메이션 효과 추가하기

수생동물에 다양한 애니메이션 효과를 추가해 봅니다.

1 바닷속에 생명을 불어넣기 위해 '돌고래'를 선택한 후 마우스 오른쪽 버튼을 클릭합니다.

2 [속성] 창이 나타나면 [애니메이션]을 클릭합니다.

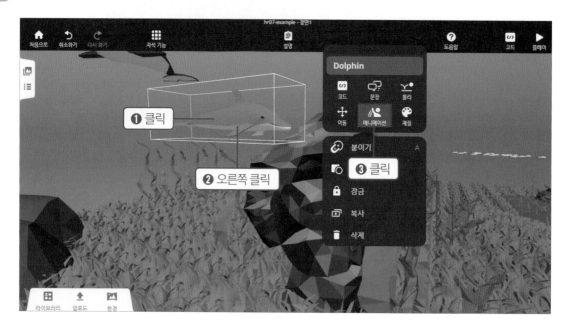

3 '애니메이션'의 목록이 나타나면 목록을 하나씩 클릭하여 '돌고래'의 애니메이션을 확인합니다.

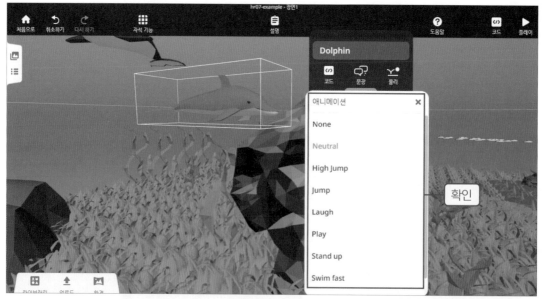

애니메이션의 종류는 선택한 오브젝트마다 다릅니다. '돌고래'에 있는 애니메이션이 다른 오브젝트에는 없을 수도 있고, '돌고래'에 없는 애니메이션이 다른 오브젝트에는 있을 수도 있습니다.

4 '애니메이션'을 확인한 후 원하는 '애니메이션'을 선택합니다.

5 ①~④ 와 같은 방법으로 다른 '수생동물'에도 애니메이션을 적용합니다.

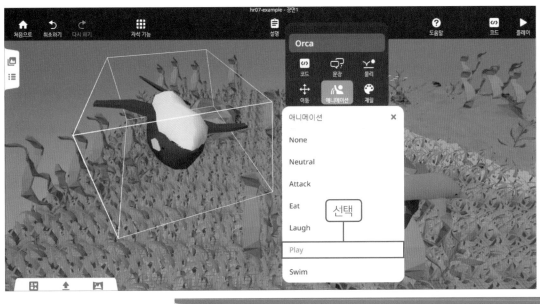

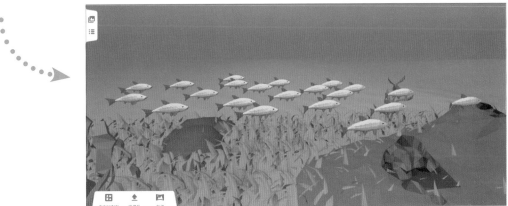

 같은 오브젝트에 동일한 애니메이션을 적용할 때는 먼저 애니메이션을 적용한 후 오브젝트를 복제하여 사용하면 작품을 만들 때 시간을 단축할 수 있습니다.

3 카메라 속성 변경하기

카메라가 바닷속을 헤엄치고 다닐 수 있도록 카메라의 속성을 변경할 수 있습니다.

1 장면에서 카메라 아이콘을 찾아서 선택한 후 마우스 오른쪽 버튼을 클릭합니다.

2 [속성] 창이 나타나면 [카메라]를 클릭합니다.

3 [카메라 이동] 창이 나타나면 항목을 클릭한 후 [걸음]을 선택합니다.

 카메라 이동 방법

- 고정 위치 : 카메라가 같은 위치에서 움직이지 않습니다.
- 걸음 : 카메라가 가상현실을 걸어다닙니다.
- 비행 : 카메라가 가상현실을 날아다닙니다.
- 선회 : 카메라가 원을 그리며 한 바퀴 돕니다.

스스로
코스페이시스

예제파일 : https://cospac.es/82n2 | 완성파일 : https://cospac.es/vSaj

1 | 공원에서 운동하는 '사람'들과 '강아지'에게 애니메이션을 적용해 봅니다.

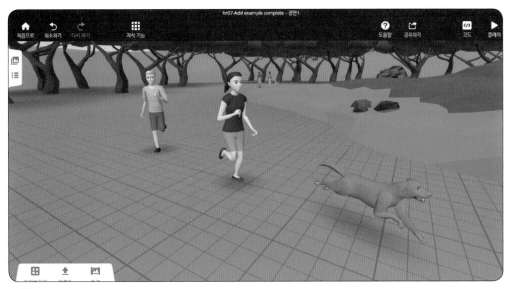

📍 나와라,
힌트! 오브젝트 [속성] 창에서 [애니메이션]을 클릭해 봅니다.

2 | 카메라를 선회시켜 운동하는 '사람'들과 '강아지'를 구경합니다.

📍 나와라,
힌트! '카메라' [속성] 창에서 [카메라]를 클릭하여 문제를 해결합니다.

사육사가 되어
동물 관리하기

- 예제파일 : https://cospac.es/RyxZ
- 완성파일 : https://cospac.es/URSI

학습목표

- 동물원의 배경을 변경할 수 있습니다.
- 동물원에 동물 오브젝트를 추가할 수 있습니다.
- 동물에 애니메이션을 적용할 수 있습니다.
- 동물의 크기를 조절할 수 있습니다.

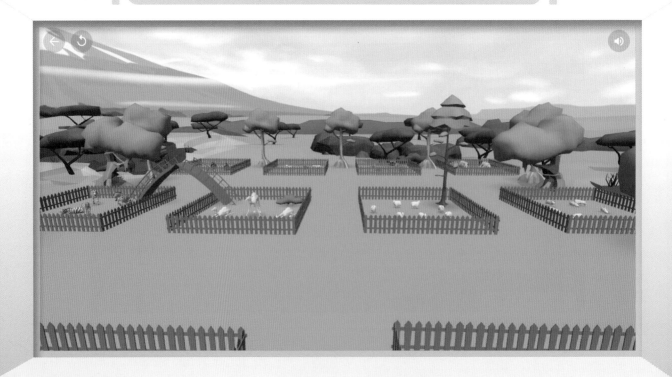

1 동물원 배경 꾸미기

동물원의 느낌이 나도록 배경을 변경해 봅니다.

[1] [크롬(ⓒ)]을 실행한 후 [코스페이시스] 홈페이지(https://cospaces.io/edu)에 접속합니다.

[2] 페이지를 한국어로 번역한 후 [로그인]을 클릭하고 '아이디'와 '비밀번호'를 입력하여 로그인합니다.

[3] 과제를 확인하기 위해 [내 학급]-[해당과정]-[hr08-example]을 순서대로 클릭합니다.

[4] [hr08-example] 창이 열리면 미션 내용을 확인한 후 [닫기(ⓧ)]를 클릭하여 창을 닫습니다.

[5] '동물원'에 어울리는 배경으로 변경하기 위해 [환경]-[수정]을 클릭합니다.

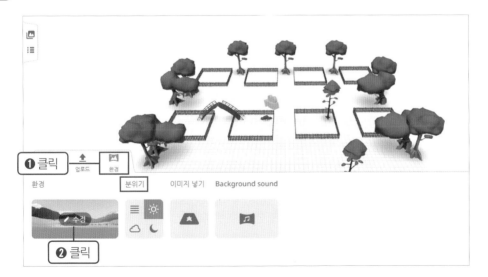

 [분위기]는 환경을 어둡거나 밝게 표현할 수 있는 기능입니다. 하지만 모든 환경에서 적용 가능한 것은 아니며, 분위기를 전환할 수 있는 환경에서만 [분위기] 메뉴가 나타납니다.

6 [환경 선택] 창이 나타나면 '동물원' 느낌이 나는 배경을 선택합니다.

7 [환경]을 다시 클릭하여 창을 숨긴 후 적용된 배경이 어울리는지 확인합니다.

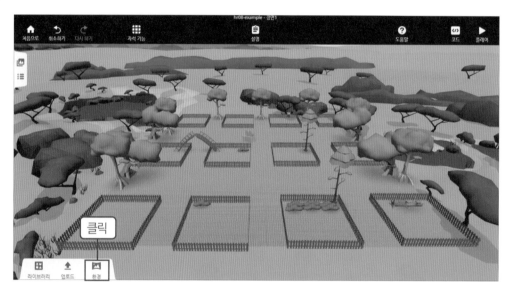

선택한 배경이 어울리지 않을 경우 다시 [환경]을 클릭하여 다른 배경으로 변경합니다.

2 동물원에 동물 추가하기

비어 있는 동물원에 다양한 동물을 추가해 봅니다.

1 비어 있는 '동물원'에 동물을 추가하기 위해 [라이브러리]-[동물]-[육지동물]을 클릭한 후 '말'을 장면으로 드래그하여 '울타리' 안에 추가합니다.

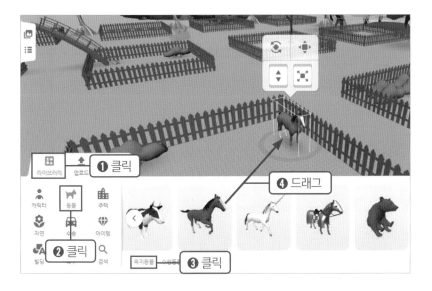

2 [라이브러리]를 다시 클릭하여 창을 닫습니다.

3 '울타리' 안에 '말'들을 채우기 위해 추가한 '말'을 선택한 후 Alt 키를 누른 상태로 드래그하여 '말'을 복제합니다.

4 바닥에 있는 파란색 선을 드래그하여 말을 회전시킵니다.

3 동물에 애니메이션 적용하기

추가된 동물 오브젝트에 다양한 애니메이션을 적용해 봅니다.

1 다른 '울타리'에도 '육지동물'들을 채운 후 애니메이션을 적용하기 위해 '말'을 선택합니다.

2 마우스 오른쪽 버튼을 클릭하여 [애니메이션]을 선택합니다.

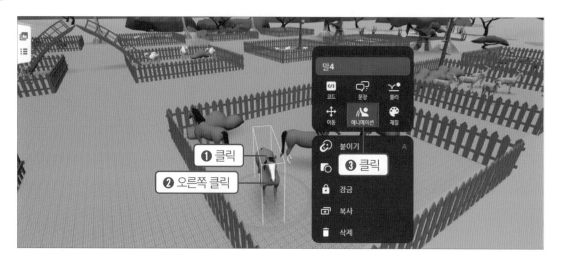

3 '애니메이션' 목록에서 각각의 애니메이션을 확인한 후 마음에 드는 애니메이션을 선택하고 장면 아무 곳이나 클릭하여 애니메이션을 적용합니다.

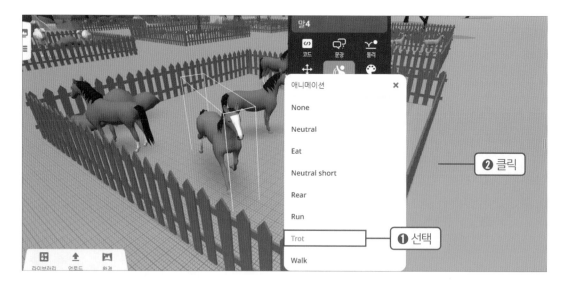

4 다른 '말'과 다른 '동물'들에게도 각각 애니메이션을 적용합니다.

 애니메이션의 종류는 오브젝트마다 다르기 때문에 다른 '동물'에 적용했던 '애니메이션'을 찾지 말고, 현재 오브젝트의 '애니메이션' 목록에서 선택해야 합니다.

동물의 크기 조절하기

동물의 크기를 조절하여 동물을 어미와 새끼로 표현해 봅니다.

1 '말'의 어린 새끼를 만들기 위해 '말'을 선택한 후 Alt 키를 누른 상태로 드래그하여 '말' 한 필을 복제합니다.

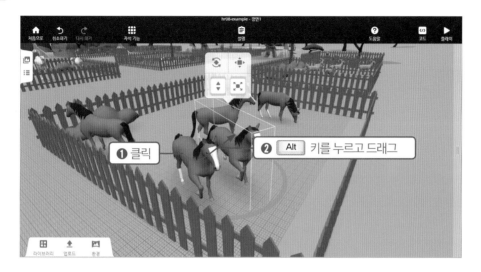

2 복제된 '말'의 크기를 줄이기 위해 '말' 도구 중 [드래그해서 크기 바꾸기(⬚)]를 클릭한 상태로 아래쪽으로 드래그합니다.

3 다른 '동물'들도 크기를 조절하여 어미와 새끼를 만들어 봅니다.

4 작품을 완성하면 상단 메뉴 중 [플레이]를 클릭하여 동물원의 동물들을 감상합니다.

스스로
코스페이시스

예제파일 : https://cospac.es/xF9U | 완성파일 : https://cospac.es/kUGO

1 | '배'를 복제하여 '바다'에 많은 배가 떠 있을 수 있도록 크기를 조절합니다.

나와라, 힌트! `Alt` 키를 이용하여 오브젝트를 복제해 봅니다.

2 | '배' 위에 타고 있는 '사람' 오브젝트를 추가한 후 애니메이션을 변경해 봅니다.

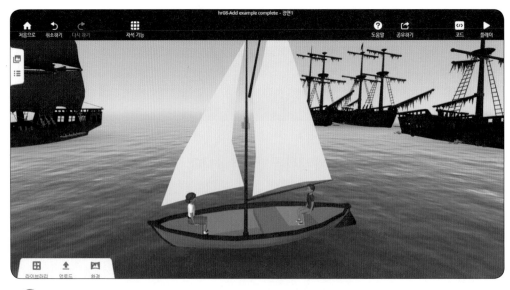

나와라, 힌트! 오브젝트 [속성] 창에서 [애니메이션]을 클릭해 봅니다.

파티플래너가 되어 파티장 꾸미기

• 예제파일 : https://cospac.es/qa6h
• 완성파일 : https://cospac.es/iejU

학습목표

• 3D 모델을 검색할 수 있습니다.
• 외부 3D 모델을 업로드할 수 있습니다.
• 업로드한 3D 모델로 파티장을 꾸밀 수 있습니다.

*3D 외부 모델 : Poly에서 제공

1 3D 모델 업로드하기

외부에 있는 3D 모델을 코스페이시스 장면에 추가해 봅니다.

1 [크롬(◉)]을 실행한 후 [코스페이시스] 홈페이지(https://cospaces.io/edu)에 접속합니다.

2 페이지를 한국어로 번역한 후 [로그인]을 클릭하고 '아이디'와 '비밀번호'를 입력하여 로그인합니다.

3 과제를 확인하기 위해 [내 학급]–[해당과정]–[hr09-example]을 순서대로 클릭합니다.

4 [hr09-example] 창이 열리면 미션 내용을 확인한 후 [닫기(⊗)]를 클릭하여 창을 닫습니다.

5 외부에서 가져온 3D 모델을 배치하기 편하도록 상단 메뉴 중 [자석 기능]을 클릭하고 [아이템에 붙이기]를 클릭해서 체크한 후 장면 아무 곳이나 클릭하여 창을 닫습니다.

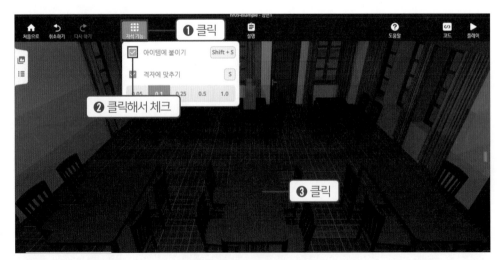

 [아이템에 붙이기]와 [격자에 맞추기]를 사용하여 아이템이 원하는 위치에 놓이지 않는 다면 불필요한 기능은 해제합니다.

6 파티장에 필요한 아이템을 외부에서 찾기 위해 [업로드]-[3D 모델링]을 클릭합니다. 이어서 하단의 [웹 검색]을 클릭합니다.

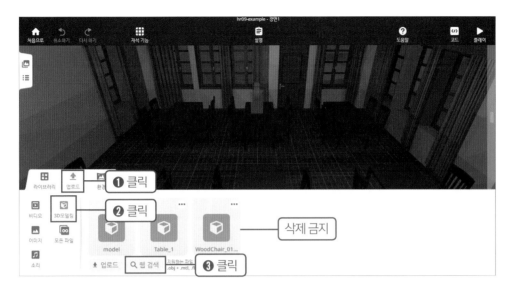

 3D 모델링을 클릭했을 때 보이는 'model', 'Table_1', 'WoodChair_01' 모델은 '파티'를 하기 위해 미리 준비해 놓은 '테이블'과 '의자'이므로 삭제하면 안 됩니다. 삭제할 경우 배경에 배치되어 있는 '테이블'과 '의자'가 사라집니다.

7 검색창이 열리면 'cake'를 입력하고 Enter 키를 누릅니다. 검색된 모델 중에 마음에 드는 '케이크'를 장면으로 드래그합니다.

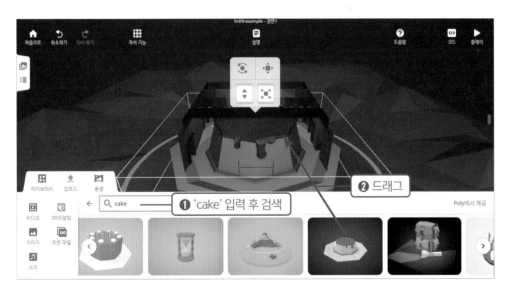

 3D 모델을 외부에서 가져오면 대부분 크기가 커서 화면에 보이지 않을 수도 있습니다. 그럴 때는 크기를 줄여야 가져온 3D 모델을 확인할 수 있습니다.

8 크기가 큰 3D 모델의 도구 중에서 [드래그해서 크기 바꾸기(⊠)]를 아래쪽으로 드래그하여 크기를 줄입니다.

9 [웹 검색]에서 'balloon'을 검색하여 '풍선'을 장면으로 드래그합니다.

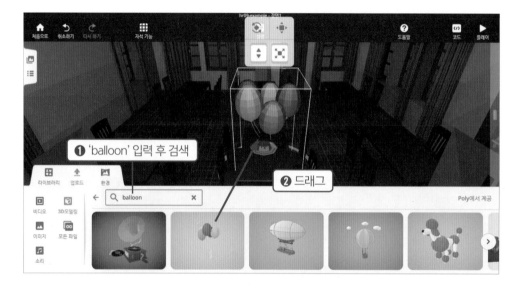

10 파티에 필요한 다른 오브젝트들도 [웹 검색]에서 검색하여 추가하고, [라이브러리]에 있는 오브젝트들도 장면으로 추가합니다.

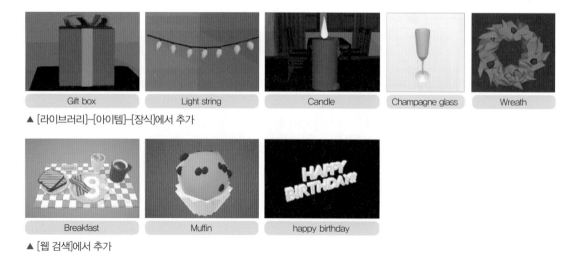

Gift box   Light string   Candle   Champagne glass   Wreath

▲ [라이브러리]-[아이템]-[장식]에서 추가

Breakfast   Muffin   happy birthday

▲ [웹 검색]에서 추가

업로드한 3D 모델로 파티장 꾸미기

외부에서 업로드한 3D 모델로 파티장을 예쁘게 꾸며 봅니다.

1 준비된 아이템을 이용하여 파티장을 꾸미기 위해 먼저 'happy birthday' 오브젝트를 벽으로 이동시킵니다.

2 벽에 맞게 'happy birthday'의 크기를 변경합니다.

3 테이블 중간에 '초'를 하나씩 놓기 위해 '초'를 테이블 중간에 올려놓고, 크기를 알맞게 조절합니다.

4 크기가 변경된 '초'를 선택한 후 Alt 키를 누른 상태로 다른 테이블로 드래그하여 복제합니다.

5 3 ~ 4 와 같은 방법으로 'Breakfast'의 크기를 조절한 후 복제하여 각 자리마다 하나씩 올려 둡니다.

6 'Muffin', '풍선', 'Champagne glass'도 크기를 조절한 후 테이블에 하나씩 올려놓습니다.

7 'Light string'의 크기도 조절한 후 'happy birthday' 오브젝트가 있는 벽의 반대쪽 벽에 설치하고 'Wreath'의 크기도 조절한 후 양쪽 문에 걸어 둡니다.

8 '파티장'을 완성하면 상단 메뉴 중 [플레이]를 클릭하여 작품을 감상합니다.

스스로
코스페이시스

예제파일 : https://cospac.es/JcoP | 완성파일 : https://cospac.es/JBdQ

1 | 외부 3D 모델을 불러와 넓은 초원에 마을을 자유롭게 만들어 봅니다.

📍 **나와라, 힌트!** [업로드]—[3D 모델링]에서 'house'를 검색하여 문제를 해결해 봅니다.

2 | 외부 3D 모델을 불러와 마을 주민들이 타고 다니는 자동차도 추가해 봅니다.

📍 **나와라, 힌트!** [업로드]—[3D 모델링]에서 'car'를 검색하여 문제를 해결해 봅니다.

큐레이터가 되어
작품 관리하기

• 예제파일 : https://cospac.es/cleY
• 완성파일 : https://cospac.es/rUJo

학습목표

• 3D 모델을 직접 만들어 볼 수 있습니다.
• 3D 모델을 설명하는 게시판을 추가할 수 있습니다.

전시작품 만들기

오브젝트의 재질을 변경하여 전시작품을 직접 만들어 봅니다.

1. [크롬(ⓒ)]을 실행한 후 [코스페이시스] 홈페이지(https://cospaces.io/edu)에 접속합니다.

2. 페이지를 한국어로 번역한 후 [로그인]을 클릭하고 '아이디'와 '비밀번호'를 입력하여 로그인합니다.

3. 과제를 확인하기 위해 [내 학급]-[해당과정]-[hr10-example]을 순서대로 클릭합니다.

4. [hr10-example] 창이 열리면 미션 내용을 확인한 후 [닫기(ⓧ)]를 클릭하여 창을 닫습니다.

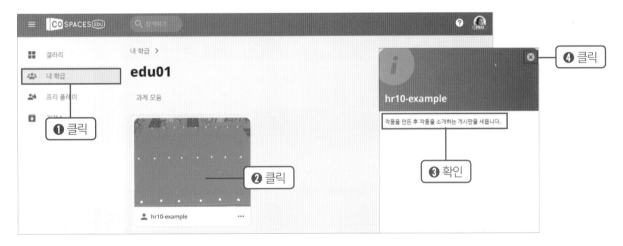

5. 장면에 세워져 있는 '기둥'에 전시작품을 추가하기 위해 [라이브러리]-[아이템]-[악세사리]를 클릭합니다.

6. [악세사리]에서 '왕관(Crown)'을 장면으로 드래그하여 첫 번째 '기둥'에 추가합니다.

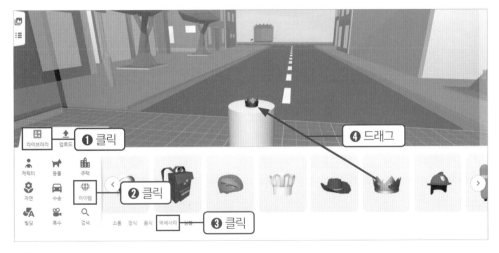

 [자석 기능]의 [아이템에 붙이기] 기능이 체크되어 있어 장면 바닥이 아닌 기둥 위에 오브젝트를 바로 붙일 수 있습니다.

7 '왕관(Crown)'의 크기를 변경하기 위해 '왕관(Crown)' 도구 중 [드래그해서 크기 바꾸기(⬚)]를 위쪽으로 드래그하여 크기를 키웁니다.

클릭하고 위쪽으로 드래그

꿀팁 3D 모델을 이동시킬 때 격자 때문에 위치를 설정하기 불편하다면 격자의 모양을 '0.05'로 바꿔 봅니다. 그러면 조금 더 세밀하게 위치를 설정할 수 있습니다.

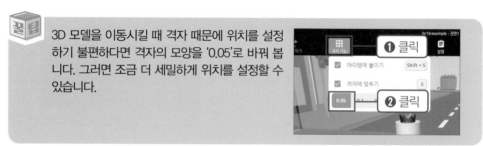

① 클릭

② 클릭

8 6과 같은 방법으로 다른 기둥에도 전시하고 싶은 3D 모델을 자유롭게 추가해 봅니다.

9 7과 같은 방법으로 기둥의 크기에 맞춰 전시작품의 크기를 조절한 후 방향과 재질을 변경해 봅니다.

왕의 왕관	여왕의 왕관	왕의 주전자	왕의 찻잔	왕의 술잔	왕의 황금알	왕의 와인	왕의 저울	왕의 촛대
마녀의 그릇	마녀의 도끼	마녀의 부하	마녀의 군사	마녀의 관	마녀의 초	마녀의 항아리	마녀의 악세사리	마녀의 양념통
기사의 무기1	기사의 무기2	기사의 무기3	기사의 방패	기사의 장난감	기사의 뺏지1	기사의 뺏지2	기사의 말	기사의 투구

▲ 전시작품 예

전시작품을 설명할 게시판 추가하기

전시작품마다 게시판을 추가하여 전시작품에 대해 설명합니다.

1 '왕의 왕관'에 대한 '게시판'을 전시작품 앞에 세우기 위해 [라이브러리]-[빌딩]-[게시판]을 '왕관'을 전시한 '기둥' 앞으로 드래그합니다.

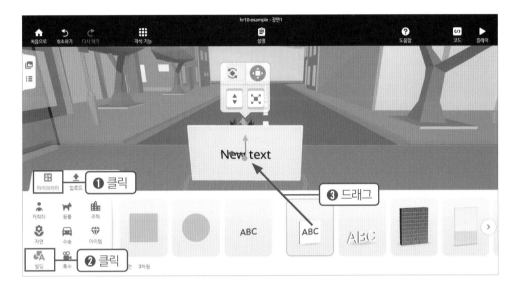

2 추가한 '게시판'의 크기를 줄이기 위해 '게시판' 도구 중 [드래그해서 크기 바꾸기(⬚)]를 아래쪽으로 드래그 합니다.

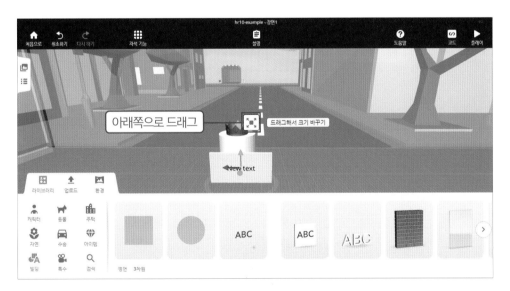

 '게시판'은 텍스트와 도형이 그룹화되어 있는 오브젝트입니다. 이동할 때 'New text'를 클릭하여 드래그하면 '게시판'에서 텍스트가 분리되어 나올 수 있으니 드래그를 사용할 때 주의해야 합니다.

③ '게시판'의 내용을 변경하기 위해 'New text'를 선택한 후 마우스 오른쪽 버튼을 클릭합니다.

④ [텍스트]를 클릭하고 입력창에 '왕의 왕관 왕이 쓰던 왕관으로 금과 빨강색 수정이 돋보이는 작품입니다.' 를 입력합니다.

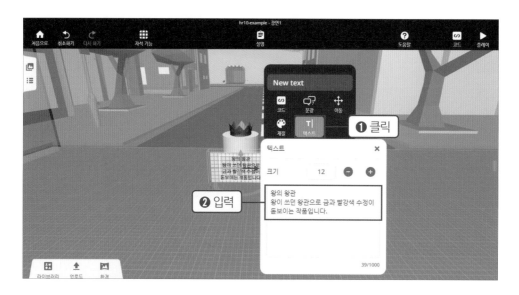

⑤ 텍스트 입력이 완료되면 크기를 '10'으로 변경합니다.

6 텍스트의 줄을 변경하기 위해 줄을 바꿀 텍스트 앞에서 [Enter] 키를 누릅니다.

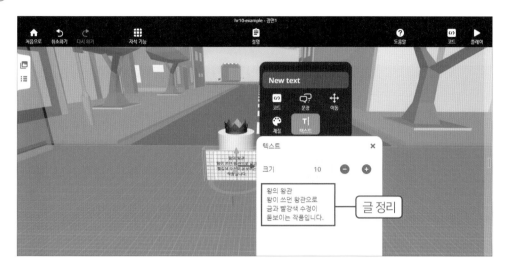

7 텍스트의 재질을 변경하기 위해 [텍스트] 창 오른쪽 상단의 [닫기(⊠)]를 클릭합니다.

8 [재질]을 클릭하고 [색상]에서 텍스트에 설정할 색을 고른 후 장면의 아무 곳이나 클릭하여 [속성] 창을 닫습니다.

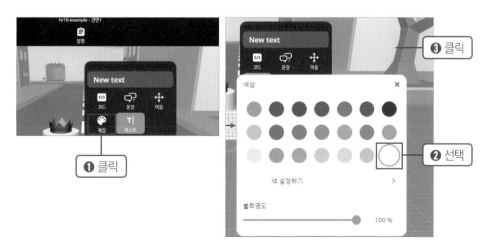

9 '텍스트'에 맞춰 '게시판'의 색상을 변경하기 위해 '게시판'을 선택합니다.

10 이어서 마우스 오른쪽 버튼을 클릭하고 [재질]을 선택합니다.

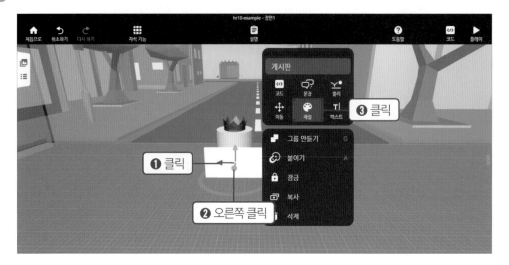

11 [재질] 창이 나타나면 [Color] 탭을 클릭한 후 '검정색'을 선택합니다.

12 장면의 아무 곳이나 클릭하여 [속성] 창을 닫습니다.

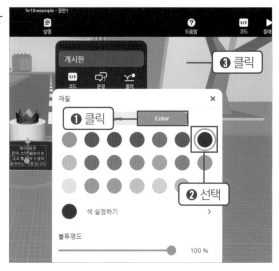

13 다른 전시작품에도 '게시판'을 추가하여 전시작품을 설명하는 내용을 입력해 봅니다.

전시작품	게시판 내용
왕의 왕관	왕이 쓰던 왕관으로 금과 빨강색 수정이 돋보이는 작품입니다.
여왕의 왕관	여왕이 쓰던 왕관으로 금과 빨강색 수정이 돋보이는 작품입니다.
왕의 주전자	왕이 차를 마실 때 주로 사용하던 주전자입니다.
왕의 찻잔	왕이 차를 마실 때 주로 사용하던 찻잔입니다.
왕의 술잔	왕이 와인을 마실 때 주로 사용하던 잔입니다.
왕의 황금알	왕이 직접 명령을 내려 조각한 황금알로 왕의 직무실에 세워져 있던 작품입니다.
왕의 와인	왕이 자주 마시던 와인입니다.
왕의 저울	왕이 무게를 잴 때 사용하던 저울입니다.
왕의 촛대	왕의 직무실을 환하게 밝히던 촛대입니다.
마녀의 그릇	마녀가 마법의 약을 만들 때 사용하던 그릇입니다.
마녀의 도끼	마녀가 약초를 캘 때 사용하던 도구입니다.
마녀의 부하	마녀의 뒤를 항상 따라다니던 호박 유령입니다.
마녀의 군사	마녀가 위험에 빠지면 어디서든 나타나는 호두까기 유령입니다.
마녀의 관	마녀를 담아 태웠던 관입니다.
마녀의 초	마녀가 마법을 부릴 때 사용하던 초입니다.
마녀의 항아리	마녀가 마법을 만들 때 사용하던 항아리입니다.
마녀의 약세사리	마녀가 목걸이로 차고 다니던 약세사리입니다.
마녀의 양념통	마녀가 마법의 양념을 만들어 담아놓던 통입니다.
기사의 무기1	기사가 사용하던 무기로 소지하기 편해 자주 쓰이던 무기입니다.
기사의 무기2	기사가 사용하던 무기로 치명상을 줄 때 사용합니다.
기사의 무기3	기사가 아끼던 무기입니다.
기사의 방패	기사가 사용하던 방패입니다.
기사의 장난감	기사가 쉴 때 가지고 놀던 장난감입니다.
기사의 뺏지1	기사임을 나타내는 뺏지입니다.
기사의 뺏지2	기사임을 나타내는 뺏지입니다.
기사의 말	기사가 타고 다니던 보호장비를 착용한 말입니다.
기사의 투구	기사가 전쟁에서 쓰던 투구입니다.

▲ 전시작품 설명 예

14 작품을 완성하면 상단 메뉴 중 [플레이]를 클릭하여 전시된 작품을 감상하고, 작품에 대한 설명을 읽어 봅니다.

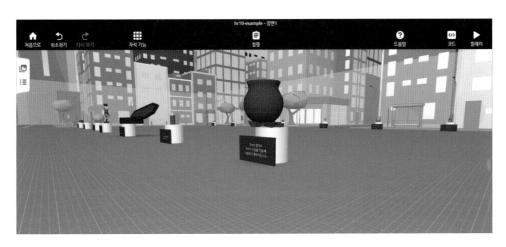

스스로
코스페이시스

예제파일 : https://cospac.es/RdJ5 | 완성파일 : https://cospac.es/OxA9

1 | 텅 비어 있는 마트의 수납장에 물건을 채워 봅니다.

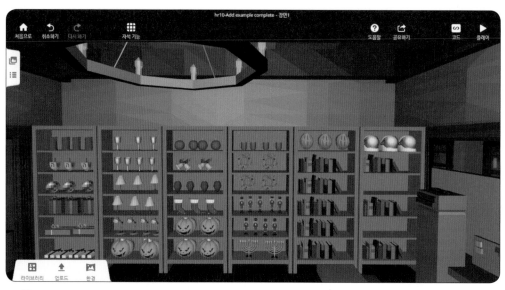

📍 **나와라,
힌트!** [자석 기능]–[아이템에 붙이기]를 활용합니다.

2 | 물건의 이름표를 만들어 붙여 봅니다.

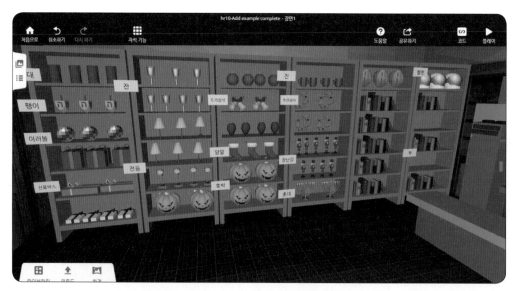

📍 **나와라,
힌트!** [라이브러리]–[빌딩]–[게시판]을 추가한 후 이름을 입력해 봅니다.

- 예제파일 : https://cospac.es/26hu
- 완성파일 : https://cospac.es/RNgL

━ 학습목표 ━

- 이미지 파일을 검색할 수 있습니다.
- 외부 이미지 파일을 업로드할 수 있습니다.
- 이미지의 크기와 위치를 조절할 수 있습니다.

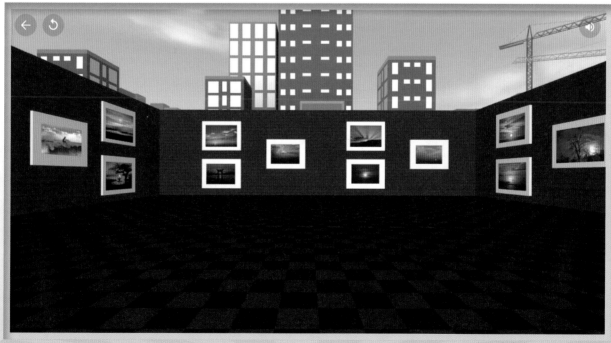

＊외부 이미지 : Bing에서 제공

1 외부 사진 업로드하기

외부에서 필요한 사진을 검색하여 업로드해 봅니다.

1 [크롬(◉)]을 실행한 후 [코스페이시스] 홈페이지(https://cospaces.io/edu)에 접속합니다.

2 페이지를 한국어로 번역한 후 [로그인]을 클릭하고 '아이디'와 '비밀번호'를 입력하여 로그인합니다.

3 과제를 확인하기 위해 [내 학급]-[해당과정]-[hr11-example]을 순서대로 클릭합니다.

4 [hr11-example] 창이 열리면 미션 내용을 확인한 후 [닫기(⊗)]를 클릭하여 창을 닫습니다.

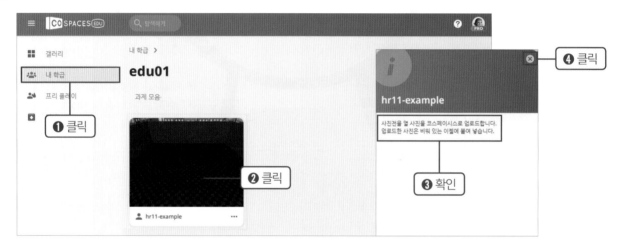

5 비어 있는 공간에서 '사진전'을 열기 위해 [업로드]-[이미지]-[웹 검색]을 클릭합니다.

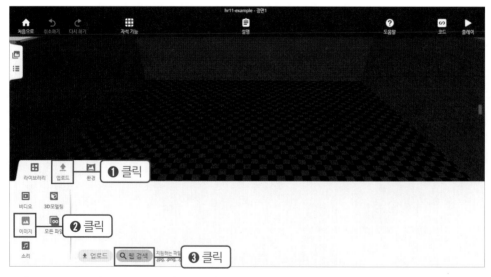

 웹에서 검색한 사진이 아닌 다운로드 받은 사진이나 가지고 있는 사진을 활용하고 싶다면 [웹 검색] 옆에 있는 [업로드]를 클릭하면 됩니다.

6 검색창이 열리면 '석양'을 입력한 후 Enter 키를 누릅니다.

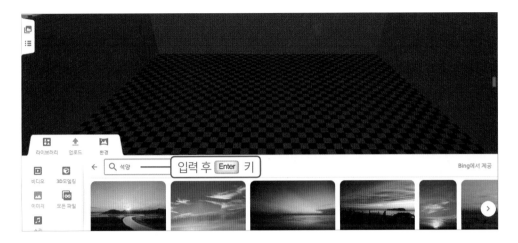

7 마음에 드는 사진을 찾아 장면으로 드래그하여 사진을 추가합니다.

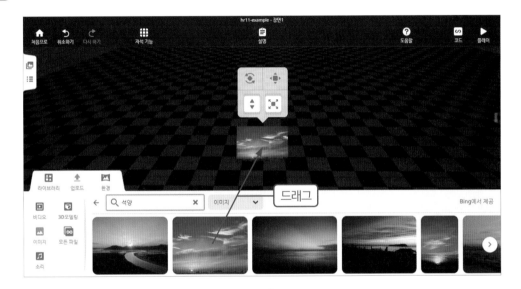

8 사진을 담을 액자를 만들기 위해 [라이브러리]-[빌딩]-[박스]를 장면으로 드래그합니다.

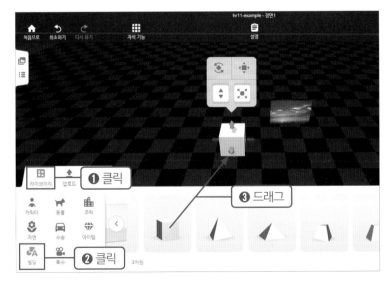

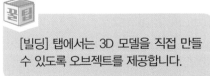
[빌딩] 탭에서는 3D 모델을 직접 만들 수 있도록 오브젝트를 제공합니다.

9 [라이브러리]를 클릭하여 창을 숨긴 후 '박스'를 '사진' 뒤쪽으로 이동시킵니다.

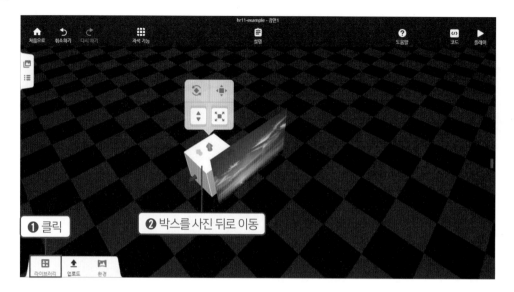

❶ 클릭

❷ 박스를 사진 뒤로 이동

10 '박스'의 파란색, 빨간색 화살표를 드래그하여 '사진'의 크기에 맞춥니다.

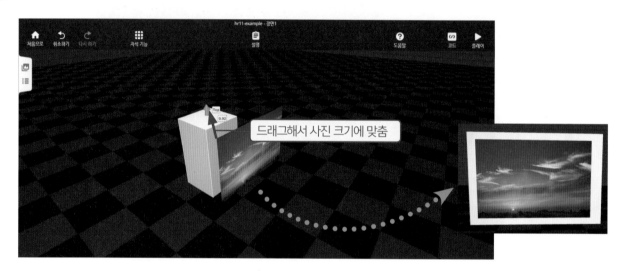

드래그해서 사진 크기에 맞춤

11 '박스' 뒤쪽의 초록색 화살표를 드래그하여 '박스'의 두께를 액자처럼 얇게 변경합니다.

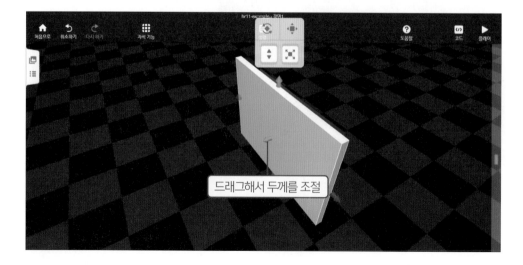

드래그해서 두께를 조절

12 '사진'을 '박스'에 붙이기 위해 [자석 기능]-[아이템에 붙이기]에 체크하고 '사진'의 위치를 '박스' 중간으로
설정합니다.

 '사진'을 '박스'에 붙이면 두 오브젝트가 그룹화된 것처럼 함께 움직입니다.

13 '사진'과 '박스'가 떨어지는 일이 없도록 그룹화하기
위해 Shift 키를 누른 상태로 두 오브젝트를 선택합니다.

14 두 오브젝트가 선택되면 마우스 오른쪽 버튼을 클릭하고 [그룹 만들기]를 클릭합니다.

 [그룹 만들기]는 선택한 여러 개
의 오브젝트를 하나의 오브젝트로
그룹화하는 도구입니다. 그룹으로
묶은 후에는 하나의 오브젝트처럼
이용할 수 있습니다.

15 그룹화된 오브젝트를 뒤쪽으로 이동시킨 후 '벽'에 붙이기 위해 [자석 기능]-[아이템에 붙이기]를 해제 합니다.

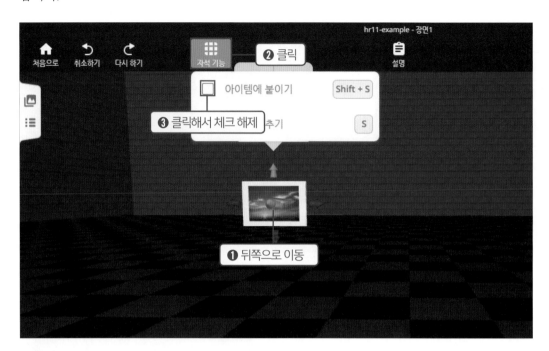

 [아이템에 붙이기]를 체크하고 액자를 이동시킬 경우 벽면에 액자 '바닥면'이 붙어 액자의 방향이 틀어질 수 있습니다.

16 그룹화된 오브젝트의 도구 중 [이동 모드(◈)]를 클릭하여 벽에 붙여 봅니다.

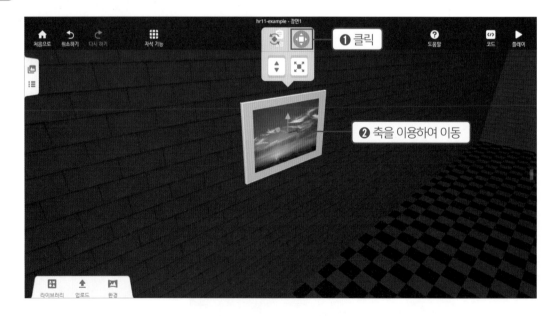

17 벽에 붙인 그룹화된 오브젝트의 크기가 작다면 [드래그해서 크기 바꾸기(⊡)]를 위쪽으로 드래그하여 크기를 키우고 위치를 다시 조정합니다.

18 5 ~ 17 과 같은 방법으로 다른 사진도 사진전에 추가하고 사진의 크기와 위치도 맞춰봅니다.

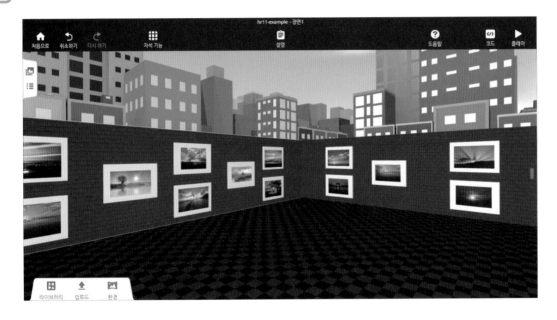

19 작품을 완성하면 상단 메뉴 중 [플레이]를 클릭하여 사진전을 감상합니다.

예제파일 : https://cospac.es/SfjB | 완성파일 : https://cospac.es/j4WS

1 | '박스'를 하나 추가하여 주사위를 만들어 봅니다.

나와라, 힌트! [자석 기능]-[아이템에 붙이기] 기능을 이용하여 박스에 오브젝트를 붙여 봅니다.

2 | '화이트 보드'에 '놀이' 사진을 추가해 봅니다.

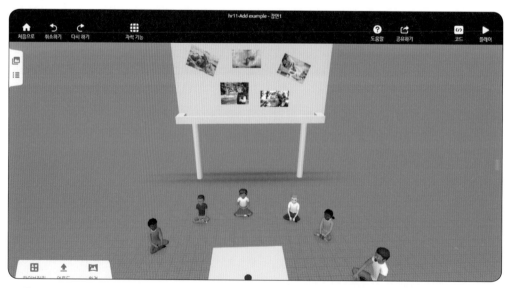

나와라, 힌트! [업로드]-[이미지]-[웹 검색]에서 놀이 관련 사진을 찾아 봅니다.

CHAPTER
12

우주탐사 대원이 되어
행성 구경하기

- 예제파일 : https://cospac.es/NGnL
- 완성파일 : https://cospac.es/ztiX

학습목표

- 행성을 추가할 수 있습니다.
- 둥근 경로로 행성의 경로를 지정할 수 있습니다.
- 코딩을 통해 행성의 움직임 속도를 조절할 수 있습니다.

1 순서대로 행성 추가하기

장면에 행성을 순서대로 추가해 봅니다.

① [크롬(◉)]을 실행한 후 [코스페이시스] 홈페이지(https://cospaces.io/edu)에 접속합니다.

② 페이지를 한국어로 번역한 후 [로그인]을 클릭하고 '아이디'와 '비밀번호'를 입력하여 로그인합니다.

③ 과제를 확인하기 위해 [내 학급]-[해당과정]-[hr12-example]을 순서대로 클릭합니다.

④ [hr12-example] 창이 열리면 미션 내용을 확인한 후 [닫기(◙)]를 클릭하여 창을 닫습니다.

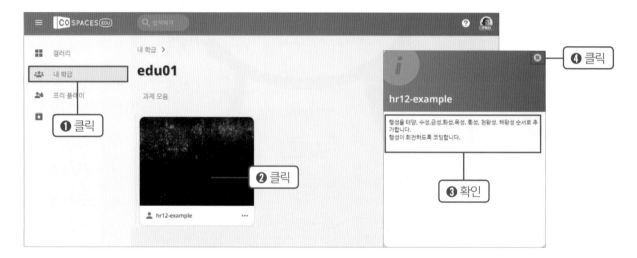

⑤ 태양계를 만들기 위해 [라이브러리]-[자연]-[기타]에서 '태양(Sun)'을 장면으로 드래그한 후 다시 [라이브러리]를 클릭하여 창을 숨깁니다.

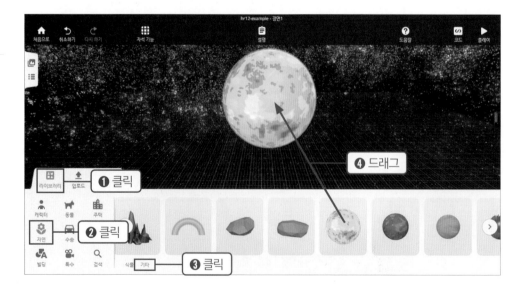

6 위쪽 화살표 키를 눌러 장면을 위쪽에서 아래쪽으로 내려다 보는 모습으로 변경합니다.

7 '태양(Sun)'의 크기를 줄이고 위치를 장면 가운데에 위치시킵니다.

8 중간에 있는 '카메라'를 장면 아래쪽으로 드래그합니다.

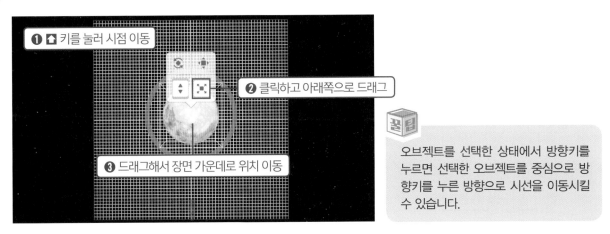

오브젝트를 선택한 상태에서 방향키를 누르면 선택한 오브젝트를 중심으로 방향키를 누른 방향으로 시선을 이동시킬 수 있습니다.

9 이어서 수성, 금성, 지구, 화성, 목성, 토성, 천왕성, 해왕성을 각각 장면으로 드래그하여 추가합니다.

10 아래 표와 동일하게 각 행성의 이름을 변경한 후 [코드]-[코블록스에서 사용]을 활성화합니다.

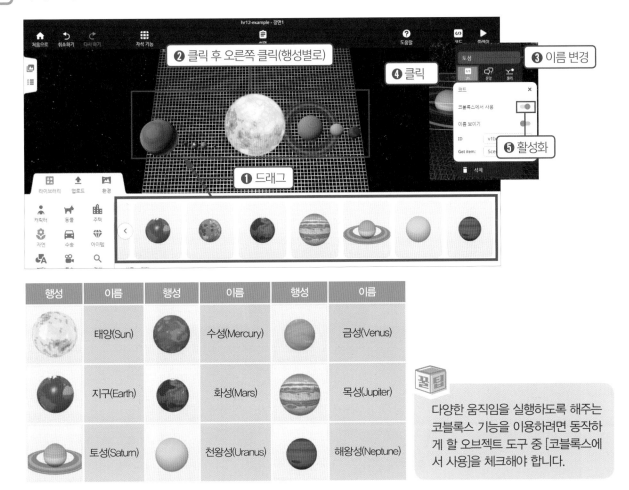

행성	이름	행성	이름	행성	이름
	태양(Sun)		수성(Mercury)		금성(Venus)
	지구(Earth)		화성(Mars)		목성(Jupiter)
	토성(Saturn)		천왕성(Uranus)		해왕성(Neptune)

다양한 움직임을 실행하도록 해주는 코블록스 기능을 이용하려면 동작하게 할 오브젝트 도구 중 [코블록스에서 사용]을 체크해야 합니다.

경로 추가하기

행성들이 태양 주변을 회전할 수 있도록 경로를 추가합니다.

1️⃣ 각 행성마다 이동 경로를 추가하기 위해 [라이브러리]-[특수]에서 '둥근 경로'를 장면으로 드래그합니다.

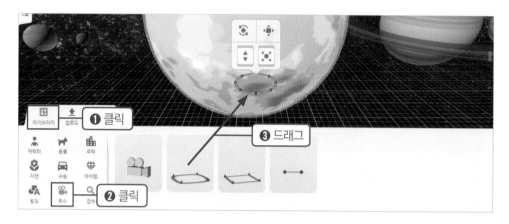

2️⃣ '둥근 경로'가 태양을 감쌀 수 있도록 [드래그해서 크기 바꾸기(⊠)]를 위쪽으로 드래그하여 크기를 키운 후 위치를 조절합니다.

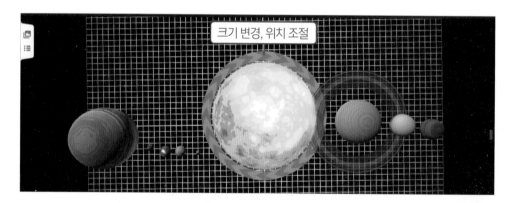

3️⃣ 1️⃣~2️⃣와 같은 방법으로 '둥근 경로' 7개를 장면에 추가합니다.

4️⃣ '둥근 경로'의 이름을 변경 이름 확인표대로 변경합니다.

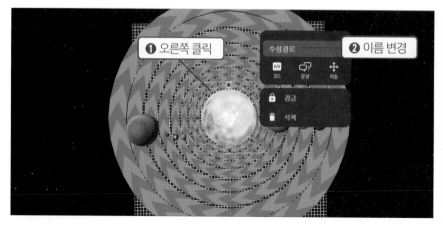

이름	변경 이름
둥근 경로	수성 경로
둥근 경로2	금성 경로
둥근 경로3	지구 경로
둥근 경로4	화성 경로
둥근 경로5	목성 경로
둥근 경로6	토성 경로
둥근 경로7	천왕성 경로
둥근 경로8	해왕성 경로

▲ 변경 이름 확인표

3 코딩을 통해 행성 회전시키기

행성이 경로를 따라 이동할 수 있도록 코딩을 완성해 봅니다.

☐ 경로를 따라 행성이 회전할 수 있도록 하기 위해 상단 메뉴 중에서 [코드]-[코블록스]를 클릭합니다.

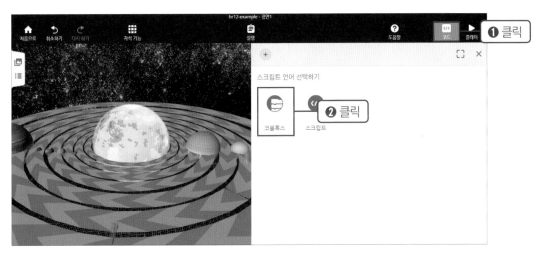

 '코블록스'란 선택한 오브젝트를 움직이게 만들거나 반응하게 만들도록 프로그래밍해주는 기능입니다. 초보자도 쉽게 이용할 수 있도록 프로그래밍을 블록으로 목록화하여 간단하게 사용할 기능을 추가하고 옵션을 변경하기만 하면 쉽게 프로그래밍을 할 수 있습니다.

② '수성'을 계속 회전시키기 위해 [제어]의 블록을 코딩 연결 창으로 드래그하여 코드를 연결합니다.

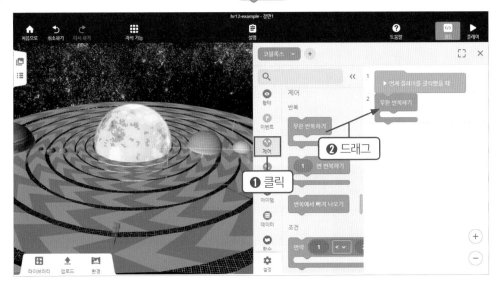

 [무한 반복하기] 블록은 지정할 명령을 계속해서 반복 실행하게 해주는 블록입니다. 행성이 둥근 경로를 따라 움직이게 만들 명령을 추가할 경우 [무한 반복하기]를 실행하지 않으면 행성이 한 바퀴만 회전하고 멈춥니다.

3 [동작]에서 블록을 드래그하여 연결한 후 '수성'이 40초 동안 수성 경로를 따라 이동하도록 코딩을 완성합니다.

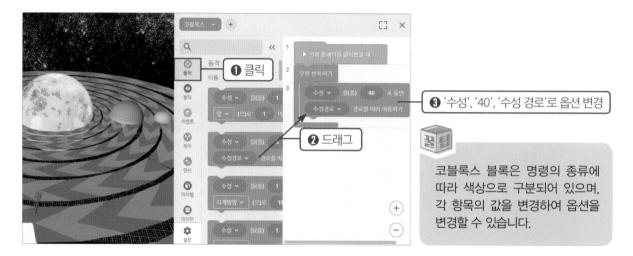

> 코블록스 블록은 명령의 종류에 따라 색상으로 구분되어 있으며, 각 항목의 값을 변경하여 옵션을 변경할 수 있습니다.

4 수성이 움직일 때 금성도 함께 금성 경로를 따라 움직이게 하기 위해 새로운 코블록스를 추가합니다.

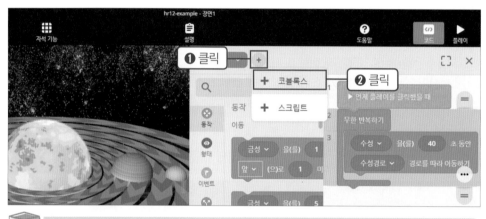

> 새 명령을 별도로 추가하고 싶을 경우 코블록스를 추가할 수 있습니다. 코블록스를 추가하면 기존에 작성한 코블록스와 함께 명령이 실행됩니다.

5 2 ~ 4 와 같은 방법으로 '금성'이 80초 동안 금성 경로를 따라 이동하도록 코딩을 완성합니다.

[6] [4]~[5]와 같은 방법으로 새로운 코블록스를 추가하여 다른 행성들도 경로를 따라 태양 주위를 회전할 수 있도록 코딩을 완성합니다.

행성	이름	명령 내용	완성 코드
	지구 (Earth)	무한 반복하여 '지구'가 150초 동안 지구 경로를 따라 이동하도록 코딩을 완성합니다.	
	화성 (Mars)	무한 반복하여 '화성'이 250초 동안 화성 경로를 따라 이동하도록 코딩을 완성합니다.	
	목성 (Jupiter)	무한 반복하여 '목성'이 500초 동안 목성 경로를 따라 이동하도록 코딩을 완성합니다.	
	토성 (Saturn)	무한 반복하여 '토성'이 1000초 동안 토성 경로를 따라 이동하도록 코딩을 완성합니다.	
	천왕성 (Uranus)	무한 반복하여 '천왕성'이 2000초 동안 천왕성 경로를 따라 이동하도록 코딩을 완성합니다.	
	해왕성 (Neptune)	무한 반복하여 '해왕성'이 3000초 동안 해왕성 경로를 따라 이동하도록 코딩을 완성합니다.	

꿀팁 코드 복사 방법

동일한 코딩을 여러 개 사용할 경우 복사하려는 코드를 마우스 오른쪽 버튼으로 클릭하고 [복사하기]를 클릭합니다.

[7] 행성이 모두 다른 위치에서 회전을 시작할 수 있도록 행성의 위치를 서로 다른 곳으로 이동시킵니다.

[8] 작품을 완성하면 상단 메뉴 중 [플레이]를 클릭하여 작품을 감상합니다.

스스로
코스페이시스

예제파일 : https://cospac.es/Qovc | 완성파일 : https://cospac.es/1n5F

1 자동차의 경주선대로 '둥근 경로'를 배치합니다.

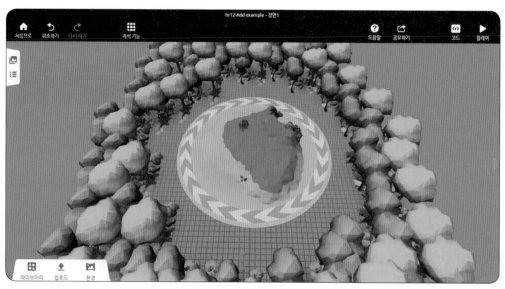

> **나와라, 힌트!** [라이브러리]-[특수]에서 '둥근 경로'를 장면으로 드래그해 봅니다.

2 '자동차'를 추가하여 15초 동안 '둥근 경로'를 따라 이동할 수 있도록 코딩을 완성합니다.

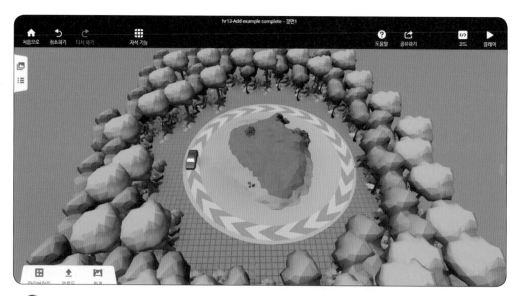

> **나와라, 힌트!** [동작] 탭의 [~을(를) ~초 동안 ~경로를 따라 이동하기] 블록을 활용합니다.

CHAPTER 13

카레이서가 되어 레이싱 경주하기

- 예제파일 : https://cospac.es/aClw
- 완성파일 : https://cospac.es/9Ikm

학습목표

- 미완성된 도로를 완성할 수 있습니다.
- 둥근 경로로 레이싱 경로를 지정할 수 있습니다.
- 둥근 경로를 편집하여 모양을 변경할 수 있습니다.
- 둥근 경로대로 레이싱을 즐길 수 있습니다.

1 미완성 도로 완성하기

건물 사이에 미완성된 도로를 완성해 봅니다.

[1] [크롬(●)]을 실행한 후 [코스페이시스] 홈페이지(https://cospaces.io/edu)에 접속합니다.

[2] 페이지를 한국어로 번역한 후 오른쪽 상단의 [로그인]을 클릭하고 '아이디'와 '비밀번호'를 입력하여 로그인합니다.

[3] 과제를 확인하기 위해 [내 학급]-[해당과정]-[hr13-example]을 순서대로 클릭합니다.

[4] [hr13-example] 창이 열리면 '미션'을 확인한 후 [닫기(●)]를 클릭하여 창을 닫습니다.

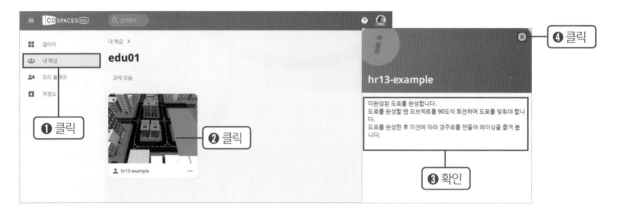

[5] 미완성된 도로를 한 눈에 볼 수 있도록 키보드의 위쪽 화살표를 눌러 장면을 회전시킨 후 마우스 휠을 당겨 장면을 축소합니다.

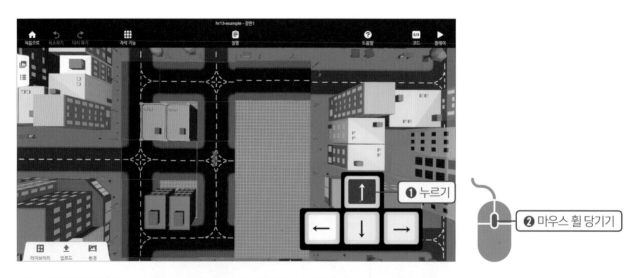

> 꿀팁 장면을 위에서 내려다보는 이유는 도시를 한 눈에 보게 하여 도로를 연결하는 작업을 편리하게 할 수 있도록 하기 위함입니다.

6 미완성된 도로를 완성하기 위해 [라이브러리]-[주택]-[도시]에서 '도로'를 찾아 장면으로 드래그합니다.

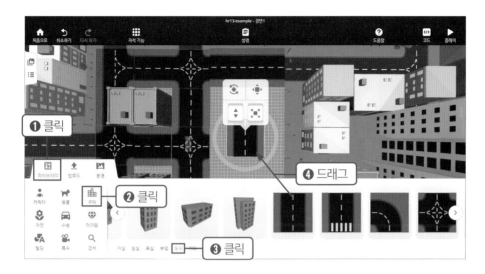

7 추가된 '도로'의 바닥에 나타난 '파란색' 선을 아래쪽으로 드래그하여 도로를 90도 회전시킵니다.

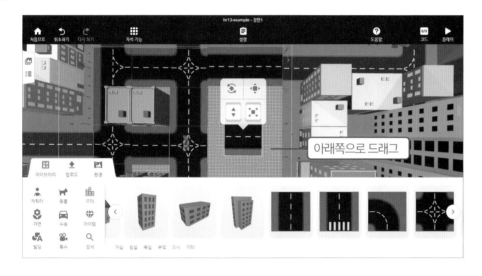

8 '도로'를 드래그하여 중간 도로와 연결합니다.

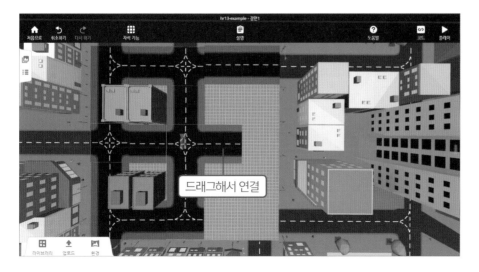

9 같은 방법으로 [라이브러리]-[주택]-[도시]에서 다양한 '도로'를 장면으로 드래그하여 도로를 연결해 봅니다.

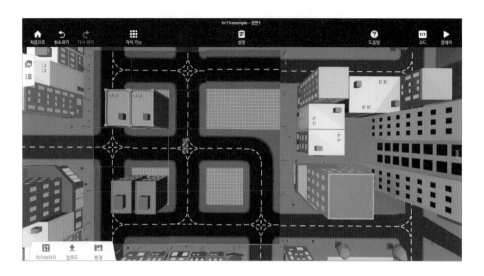

10 완성된 도로를 잠그기 위해 Ctrl + A 키를 눌러 장면 안에 있는 오브젝트 전체를 선택한 후 마우스 오른쪽 버튼을 클릭하고 [그룹 만들기]를 클릭합니다.

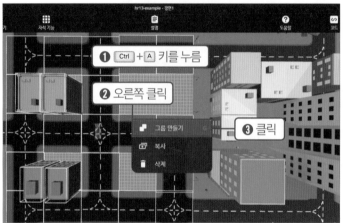

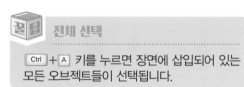

전체 선택

Ctrl + A 키를 누르면 장면에 삽입되어 있는 모든 오브젝트들이 선택됩니다.

11 다시 그룹화된 오브젝트를 선택한 후 마우스 오른쪽 버튼을 클릭하고 [잠금]을 클릭합니다.

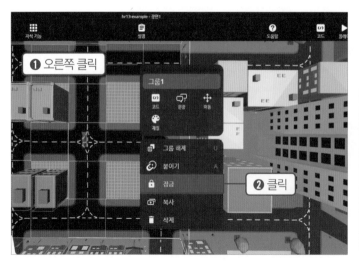

잠금

[잠금]은 선택한 오브젝트가 크기, 위치, 이동을 할 수 없도록 고정시키는 기능입니다. 더 이상 움직임이 필요없는 오브젝트를 잠그면 불필요하게 선택되는 불편함을 줄일 수 있습니다. 마우스 오른쪽을 클릭한 후 [잠금 해제]를 클릭해서 언제든지 잠금을 해제할 수 있습니다.

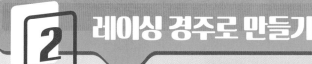

2 레이싱 경주로 만들기

둥근 경로를 변경하여 레이싱 경주로를 만들어 봅니다.

1 경주로를 만들기 위해 [라이브러리]-[특수]에서 '둥근 경로'를 장면으로 드래그합니다.

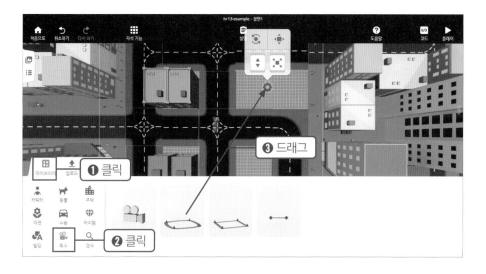

2 추가된 '둥근 경로'의 크기를 변경하기 위해 Ⓥ 키를 눌러 '둥근 경로'로 시점을 옮깁니다.

3 [드래그해서 크기 바꾸기(⊠)]를 클릭한 후 위쪽으로 드래그하여 '둥근 경로'의 크기를 변경합니다.

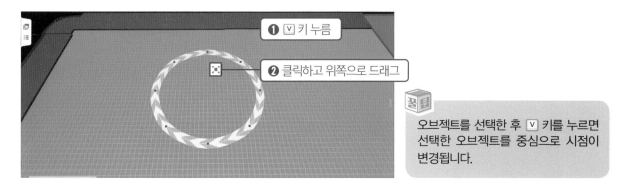

꿀팁 오브젝트를 선택한 후 Ⓥ 키를 누르면 선택한 오브젝트를 중심으로 시점이 변경됩니다.

4 '둥근 경로'를 '도로' 위로 드래그하여 이동시킵니다.

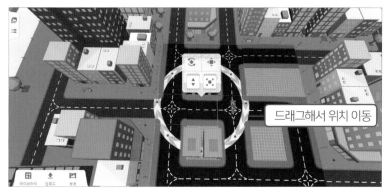

꿀팁 '도로' 오브젝트에 [자석 기능]-[아이템에 붙이기] 기능이 선택되어 있습니다. '둥근 경로'를 이동할 때 불편하다면 [아이템에 붙이기] 기능을 해제합니다.

5 '둥근 경로'의 파란색 점을 드래그하여 이동 경로를 만듭니다.

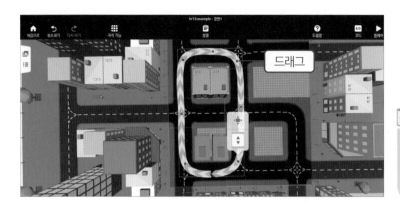

> '둥근 경로'의 파란색 점은 조절점으로, 마우스로 드래그해서 경로의 형태를 변경할 수 있습니다.

6 '자동차'를 '둥근 경로'에 추가하기 위해 [라이브러리]-[수송]에서 '자동차'를 장면으로 드래그합니다.

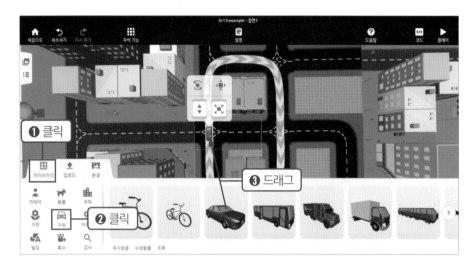

7 '자동차'를 선택한 후 마우스 오른쪽 버튼을 클릭하여 이름을 '자동차'로 변경하고 [코드]를 클릭하여 [코블록스에서 사용]을 활성화시킨 후 장면 아무 곳이나 클릭하여 [속성] 창을 닫습니다.

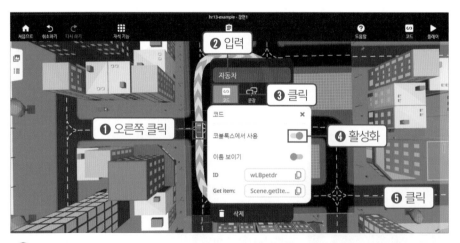

> 코블록스에서 '자동차' 오브젝트를 제어하기 위해서는 [코블록스에서 사용]을 체크해야 합니다.

3 코딩으로 경주 시작하기

코블록스를 이용하여 자동차가 둥근 경로를 따라 달릴 수 있도록 코딩을 해봅니다.

① '자동차'가 '둥근 경로'를 따라 움직이도록 코딩하기 위해 상단 메뉴에서 [코드]-[코블록스]를 클릭합니다.

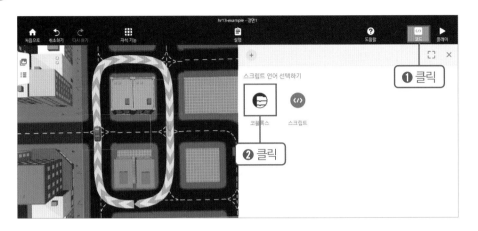

② '자동차'가 20초 동안 '둥근 경로'를 따라 한 바퀴 이동하도록 [동작]에서 블록을 연결하여 코딩을 완성한 후 '자동차'가 이동하는 모습을 확인하기 위해 '카메라'의 위치를 왼쪽 하단으로 이동시킵니다.

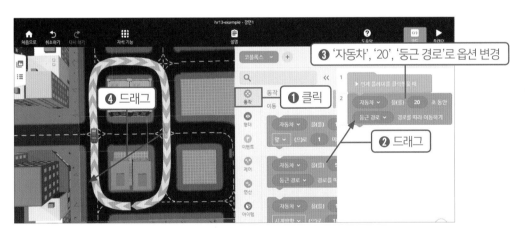

> 꿀팁 '자동차'를 여러 바퀴 경주하게 하고 싶다면 아래와 같이 코딩을 변경합니다.

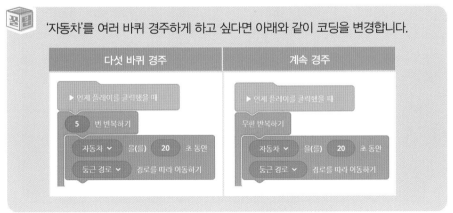

③ 작품을 완성하면 상단 메뉴 중 [플레이]를 클릭하여 자동차 경주를 감상합니다. 이어서 20초를 5초로 변경하여 [플레이] 했을 때 자동차의 속도가 어떻게 변하는지 확인해 봅니다.

스스로
코스페이시스

예제파일 : https://cospac.es/GQUE | 완성파일 : https://cospac.es/bMXl

1 새로 이사 온 친구를 위해 마을을 구경할 수 있는 '경로'를 지정해 봅니다.

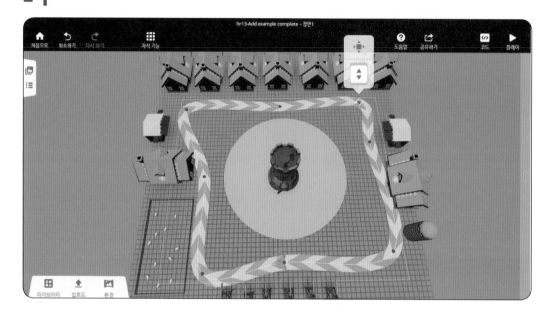

2 두 친구가 나란히 걷는 애니메이션을 적용한 후 그룹화하여 '경로'를 따라 120초 동안 마을을 구경할 수 있도록 코딩을 완성합니다.

나와라, 힌트! 두 오브젝트를 선택하고 [속성] 창에서 [그룹 만들기]를 선택합니다.

CHAPTER

14

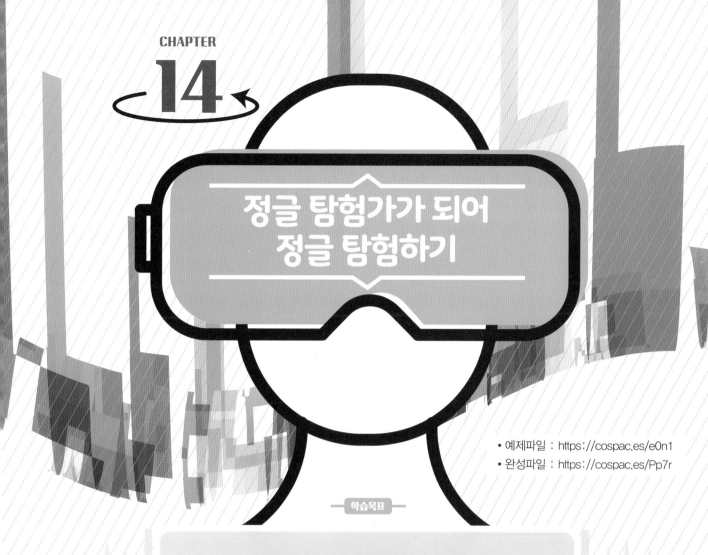

정글 탐험가가 되어
정글 탐험하기

• 예제파일 : https://cospac.es/e0n1
• 완성파일 : https://cospac.es/Pp7r

학습목표

• 훼손된 정글을 정리하고 나무를 심을 수 있습니다.
• 둥근 경로를 추가하여 새가 날아다니게 할 수 있습니다.
• 애니메이션을 추가하여 새가 나는 모습을 표현할 수 있습니다.

훼손된 정글 깔끔하게 정리하기

훼손된 정글을 찾아 정리하고 나무를 심어 봅니다.

1 [크롬(●)]을 실행한 후 [코스페이시스] 홈페이지(https://cospaces.io/edu)에 접속합니다.

2 페이지를 한국어로 번역한 후 오른쪽 상단의 [로그인]을 클릭하고 '아이디'와 '비밀번호'를 입력하여 로그인합니다.

3 과제를 확인하기 위해 [내 학급]-[해당과정]-[hr14-example]을 순서대로 클릭합니다.

4 [hr14-example] 창이 열리면 '미션'을 확인한 후 [닫기(●)]를 클릭하여 창을 닫습니다.

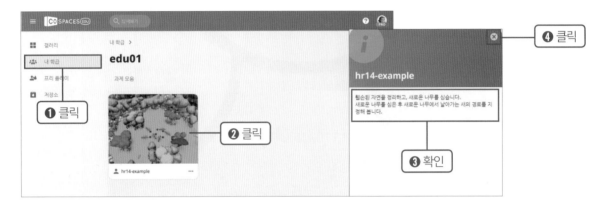

5 훼손된 나무를 정리하기 위해 장면 중간에 있는 잘린 나무를 선택하고 Delete 키를 눌러 잘린 나무를 삭제합니다.

꿀팁 **속성을 이용하여 오브젝트 삭제하는 방법**

오브젝트를 선택한 후 마우스 오른쪽 버튼을 클릭하고 [속성] 창에서 [삭제]를 클릭하여 삭제할 수도 있습니다.

6 ⑤와 같은 방법으로 잘린 나무를 전부 삭제합니다.

2 정글에 나무 심기

훼손된 나무를 제거한 공간에 오브젝트를 추가하여 나무를 심어 봅니다.

1 훼손된 나무를 정리한 후 빈 공간에 나무를 심기 위해 [라이브러리]-[자연]에서 '나무'를 장면으로 드래그합니다.

2 추가한 '나무'의 도구 중에서 [드래그해서 크기 바꾸기(⬛)]를 아래쪽으로 드래그하여 크기를 작게 변경합니다.

3 **1**~**2**와 같은 방법으로 크기가 서로 다른 나무들을 심어 봅니다.

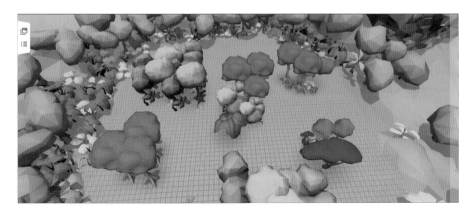

3 새들의 이동 경로 만들기

새들이 날아다닐 수 있는 이동 경로를 만들어 봅니다.

1 울창한 숲에 새들이 이동할 수 있는 경로를 만들기 위해 [라이브러리]-[특수]에서 '둥근 경로'를 장면으로 드래그합니다.

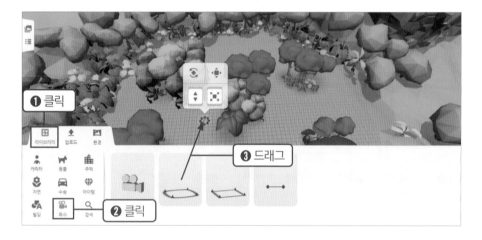

2 '둥근 경로'의 도구 중 [드래그해서 크기 바꾸기(⬚)]를 위쪽으로 드래그하여 '둥근 경로'의 크기를 키웁니다.

3 '둥근 경로'의 높이를 나무의 높이보다 높게 하기 위해 [드래그해서 올리기(⬚)]를 위쪽으로 드래그합니다.

4 '새'가 나무에서 날아오르는 모습을 표현하기 위해 '둥근 경로'의 파란색 조절점을 클릭한 후 [드래그해서 올리기(⬍)]를 아래쪽으로 드래그합니다.

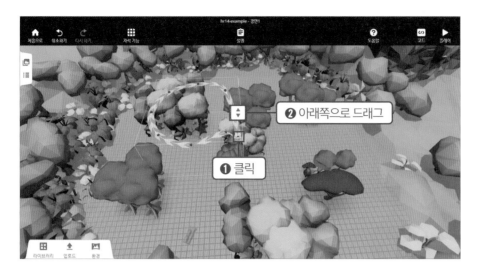

5 4와 같은 방법으로 다른 파란색 조절점의 높이와 위치를 조절합니다.

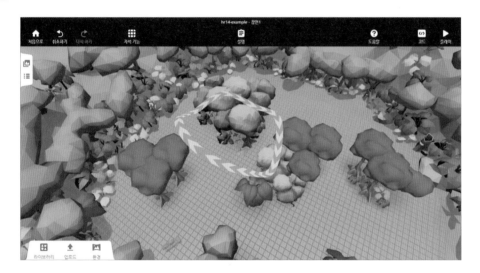

6 '둥근 경로'를 따라 이동하는 '새'를 추가하기 위해 [라이브러리]-[동물]-[조류]에서 '독수리'를 장면으로 드래그합니다.

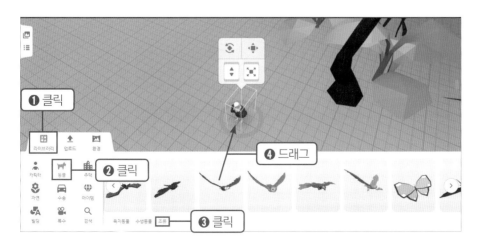

7 장면에 추가된 '독수리'를 선택하고 마우스 오른쪽 버튼을 클릭합니다.

8 오브젝트의 이름을 '독수리'로 변경하고, [코드]를 클릭하여 [코블록스에서 사용]을 활성화한 후 장면의 아무 곳이나 클릭하여 [속성] 창을 닫습니다.

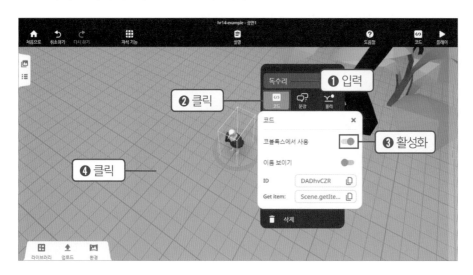

9 '독수리'가 날갯짓하는 모습을 표현하기 위해 '독수리'를 선택한 후 마우스 오른쪽 버튼을 클릭합니다. 이어서 [속성] 창이 나타나면 [애니메이션]-[Fly]를 선택한 후 [속성] 창을 닫습니다.

신비한 VR & AR 세상 **코스페이시스 스타터**

4 새가 날 수 있도록 코딩하기

독수리가 경로를 따라 날아다닐 수 있도록 코딩해 봅니다.

1 '독수리'가 경로를 따라 날 수 있도록 코딩하기 위해 상단 메뉴에서 [코드]-[코블록스]를 클릭합니다.

2 '독수리'가 정글을 계속 날아다니는 모습을 표현하기 위해 [제어]에서 블록을 코딩 연결 창으로 드래그하여 블록을 연결합니다.

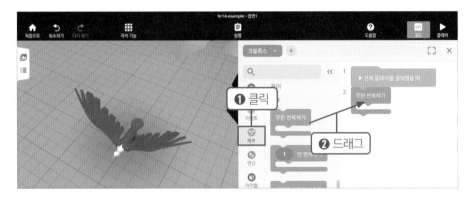

3 이어서 '독수리'가 20초 동안 '둥근 경로'를 따라 이동할 수 있도록 [동작]에서  블록을 연결한 후 5초를 20초로 변경하여 코딩을 완성합니다.

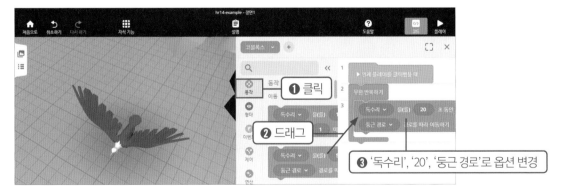

4 같은 방법으로 다른 '새'들도 추가하여 정글을 날아다니도록 코딩을 완성한 후, 상단 메뉴 중 [플레이]를 클릭하여 작품을 감상합니다.

스스로
코스페이시스

1 | '사슴'이 정글을 뛰어다니도록 사슴의 이동 경로를 만들고 코딩을 완성해 봅니다.

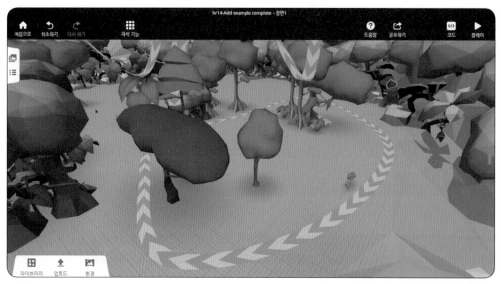

> **나와라, 힌트!** [라이브러리]-[특수]에서 '둥근 경로'를 추가해 봅니다.

2 | '기린'이 천천히 정글을 거닐 수 있도록 기린의 이동 경로를 만들고 코딩을 완성해 봅니다.

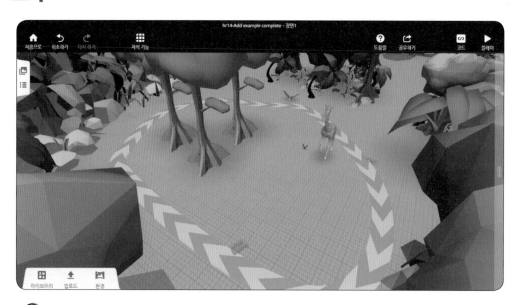

> **나와라, 힌트!** 오브젝트 [속성] 창에서 [코드]-[코블록스에서 사용]을 체크합니다.

CHAPTER 15

여행가가 되어 세계 여행하기

- 예제파일 : https://cospac.es/6glw
- 완성파일 : https://cospac.es/LMkv

— 학습목표 —

- 360도 사진을 장면에 추가할 수 있습니다.
- 코딩을 통해 다음 여행지로 이동할 수 있습니다.
- 배경음악을 추가할 수 있습니다.

1 360도 사진 장면에 추가하기

360도 사진을 장면에 추가하고 장면 전환을 사용하여 다음 여행지를 만들어 봅니다.

1. [크롬(◉)]을 실행한 후 [코스페이시스] 홈페이지(https://cospaces.io/edu)에 접속합니다.

2. 페이지를 한국어로 번역한 후 오른쪽 상단의 [로그인]을 클릭하고 '아이디'와 '비밀번호'를 입력하여 로그인합니다.

3. 과제를 확인하기 위해 [내 학급]-[해당과정]-[hr15-example]을 순서대로 클릭합니다.

4. [hr15-example] 창이 열리면 '미션'을 확인한 후 [닫기(◉)]를 클릭하여 창을 닫습니다.

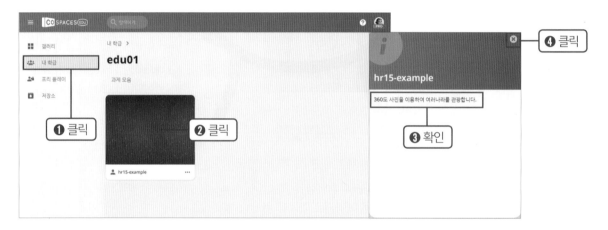

5. 360도 사진을 장면의 배경에 추가하기 위해 [환경]-[수정]을 클릭합니다.

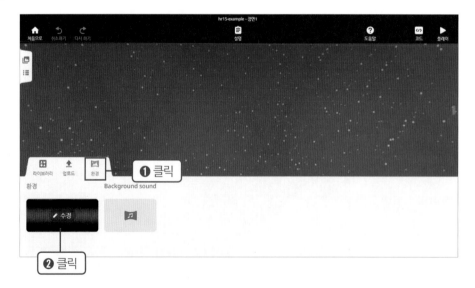

> [환경] 탭에서는 장면의 배경을 꾸밀 수 있습니다. 360도 카메라를 이용하여 주변 환경을 360도로 돌아가며 찍은 사진을 배경에 삽입할 수 있습니다.

6 [열기] 창이 나타나면 [예제파일]-[15강]에서 '눈 덮인 산.jpg'를 선택한 후 [열기]를 클릭합니다.

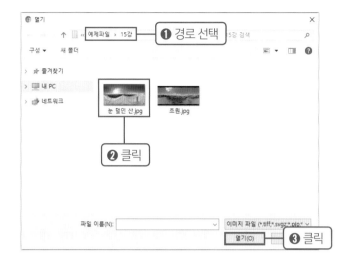

7 '장면'을 추가하기 위해 왼쪽 [장면 목록] 버튼을 클릭한 후 [장면 목록] 창이 열리면 하단의 [+새 장면]을 클릭합니다.

장면을 추가하면 새로운 장면을 만들 수 있으며 장면마다 각각 독립적으로 보여집니다. [장면 목록]에서 다른 장면을 확인할 수 있으며 코딩을 통해 장면을 이동하게 만들 수 있습니다.

8 [장면 유형 선택] 창이 열리면 [360° 이미지]를 클릭합니다.

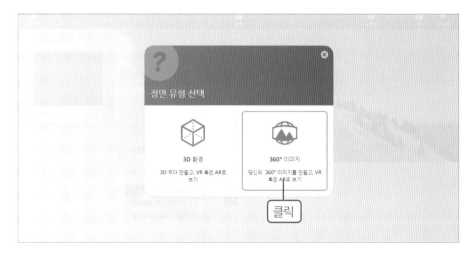

9 [장면 목록] 버튼을 클릭하여 창을 숨긴 후 배경 이미지를 바꾸기 위해 [환경]-[수정]을 클릭합니다.

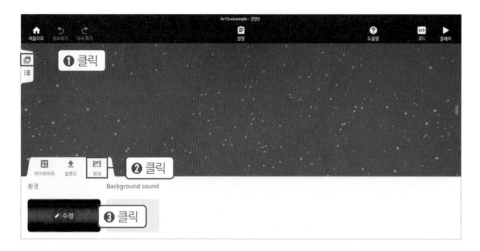

10 [열기] 창이 나타나면 [예제파일]-[15강]에서 '초원.jpg'를 선택한 후 [열기]를 클릭합니다.

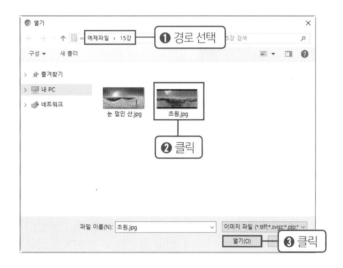

11 추가된 장면을 확인하기 위해 [환경]을 클릭하여 창을 숨깁니다.

12 인터넷에서 360도 사진을 다운로드 받아 ⑤ ~ ⑩과 같은 방법으로 장면을 추가해 봅니다.

2 코딩을 통해 장면 이동하기

여러 여행지로 이동할 수 있도록 코딩을 완성해 봅니다.

1 '비행기'를 장면에 추가하기 위해 [라이브러리]-[수송]에서 '비행기'를 장면으로 드래그합니다.

2 '비행기'가 하늘에 떠 있는 것처럼 만들기 위해 '비행기' 도구 중에서 [드래그해서 크기 바꾸기(⬚)]를 아래 쪽으로 드래그하여 크기를 작게 변경합니다.

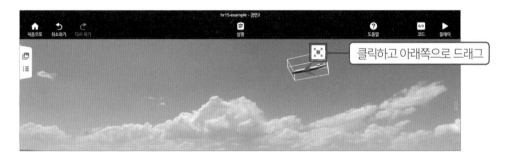

3 '비행기'를 [코블록스]에서 사용할 수 있도록 '비행기'를 선택한 후 마우스 오른쪽 버튼을 클릭하여 이름을 '비행기'로 변경하고 [코드]-[코블록스에서 사용]을 활성화합니다.

4 '비행기'를 클릭하면 장면을 전환하는 코딩을 하기 위해 상단 메뉴 중 [코드]-[코블록스]를 클릭합니다.

5 이어서 [이벤트]에서 ▭ 블록을 코딩 창으로 드래그하여 '비행기'를 클릭했는지 확인하는 코딩을 완성합니다.

6 장면을 이동하기 위해 [제어]에서 ▭ 블록을 연결하고 '장면1'로 옵션을 변경합니다.

7 [장면1]에서도 장면이 전환되도록 코딩하기 위해 [장면 목록] 버튼을 클릭한 후 [장면1]을 클릭합니다.

8 ① ~ ⑥ 과 같은 방법으로 '비행기'를 추가한 후 '비행기'를 클릭하면 [장면2]로 장면 전환되도록 코딩을 완성합니다.

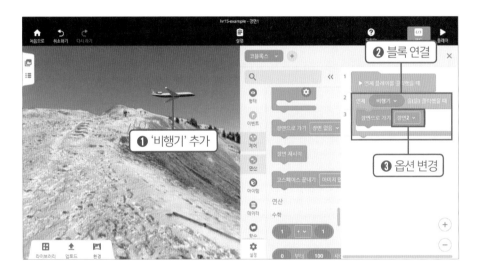

3 배경음악 추가하기

여행지마다 새로운 음악이 흘러나오도록 코딩해 봅니다.

1. '눈 덮인 산'과 '초원'에서 다른 배경음악이 흘러나오도록 [환경]-[Background sound]를 클릭합니다.

2. [열기] 창이 나타나면 [예제파일]-[15강]에서 '배경음악1'을 선택한 후 [열기]를 클릭합니다.

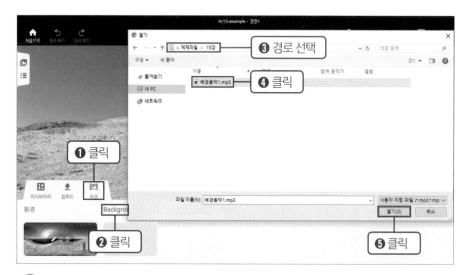

꿀팁 다양한 배경음악을 다운받고 싶다면 'https://www.bensound.com/'을 이용합니다.

3. 배경음악이 계속해서 흘러나오도록 추가된 배경음악을 클릭하고 '반복'을 클릭합니다.

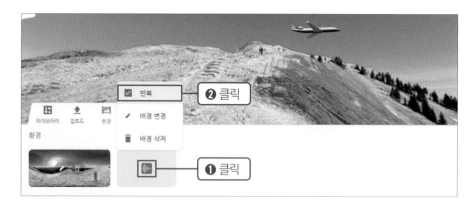

4. [장면2]에도 배경음악을 추가하기 위해 [장면 목록] 버튼을 클릭하고 [장면2]를 선택합니다.

5. ① ~ ③과 같은 방법으로 [장면2]에도 '배경음악2'를 추가하고 반복 실행되도록 합니다.

6. 작품을 완성하면 상단 메뉴 중 [플레이]를 클릭하고 '비행기'를 클릭하여 여러 장소로 이동해 봅니다.

예제파일 : https://cospac.es/h8LR | 완성파일 : https://cospac.es/yTNb

1 '배' 위에 있는 '다이버'를 클릭하면 '다이버'가 [바닷속]에서 다이빙을 하는 장면으로 전환되도록 코딩을 완성합니다.

📍 나와라, 힌트! [코블록스]의 [이벤트]와 [제어] 탭에서 블록을 찾아 연결합니다.

2 바닷속을 헤엄치는 '다이버'를 클릭하면 [바다 위]로 장면이 전환되도록 코딩을 완성합니다.

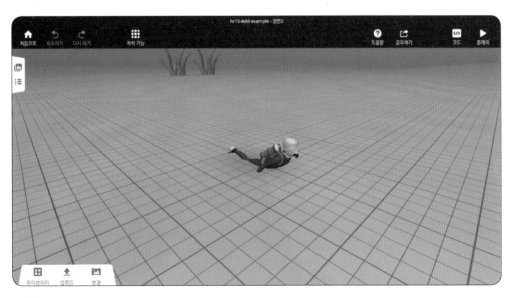

📍 나와라, 힌트! [코블록스]의 [이벤트]와 [제어] 탭에서 블록을 찾아 연결합니다.

정비사가 되어 롤러코스터 테스트하기

- 예제파일 : https://cospac.es/NGE9
- 완성파일 : https://cospac.es/918C

학습목표

- 둥근 경로의 높낮이를 다르게 지정할 수 있습니다.
- 코딩을 통해 롤러코스터가 움직이도록 할 수 있습니다.
- 카메라를 롤러코스터에 붙일 수 있습니다.

1 롤러코스터 경로 만들기

기존에 있는 경로를 지우고 새로운 경로를 만들어 봅니다.

1️⃣ [크롬(⊙)]을 실행한 후 [코스페이시스] 홈페이지(https://cospaces.io/edu)에 접속합니다.

2️⃣ 페이지를 한국어로 번역한 후 오른쪽 상단의 [로그인]을 클릭하고 '아이디'와 '비밀번호'를 입력하여 로그인합니다.

3️⃣ 과제를 확인하기 위해 [내 학급]-[해당과정]-[hr16-example]을 순서대로 클릭합니다.

4️⃣ [hr16-example] 창이 열리면 '미션'을 확인한 후 [닫기(❌)]를 클릭하여 창을 닫습니다.

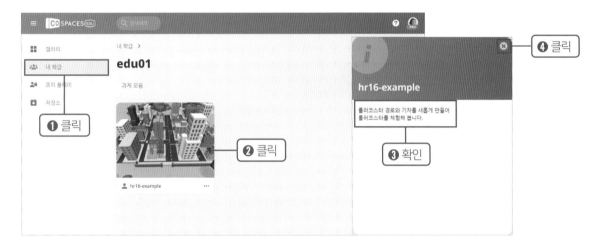

5️⃣ 기존에 있던 재미 없는 경로를 삭제하기 위해 '경로'를 선택한 후 마우스 오른쪽 버튼을 클릭합니다.

6️⃣ [속성] 창이 나타나면 [삭제]를 클릭하여 기존 경로를 삭제합니다.

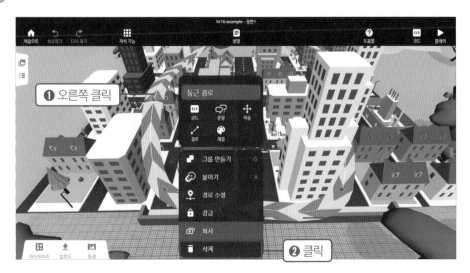

7 새로운 '둥근 경로'를 추가하기 위해 [라이브러리]-[특수]에서 '둥근 경로'를 장면으로 드래그합니다.

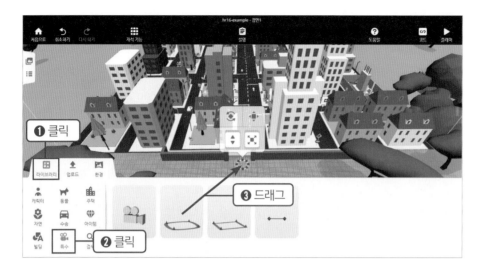

8 [라이브러리] 창을 숨긴 후 '둥근 경로'의 도구 중 [드래그해서 크기 바꾸기(⊡)]를 위쪽으로 드래그하여 크기를 키웁니다.

9 '둥근 경로'를 공중으로 띄우기 위해 [드래그해서 올리기(⊡)]를 위쪽으로 드래그합니다.

10 '둥근 경로'를 도시 안쪽으로 이동시킨 후 앞쪽 파란색 조절점을 클릭합니다.

11 이어서 [드래그해서 올리기(⋮)]를 아래쪽으로 드래그하여 높이를 입구 쪽까지 낮춥니다.

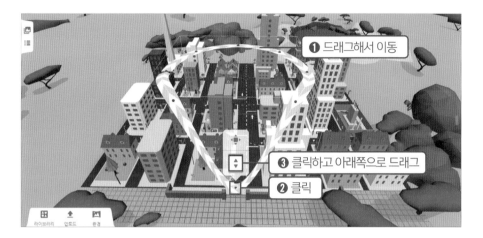

12 다양한 모양의 경로를 만들기 위해 '둥근 경로'를 선택한 후 마우스 오른쪽 버튼을 클릭하고 [경로 수정]을 클릭합니다.

꿀팁 [경로 수정]을 클릭하면 '둥근 경로'에 파란색 조절점을 추가할 수 있습니다.

13 '둥근 경로'에서 파란색 조절점이 추가로 필요한 곳을 마우스로 클릭하여 조절점을 추가해 봅니다.

⑭ 조절점을 모두 추가했으면 Esc 키를 눌러 [경로 수정] 기능을 종료합니다.

⑮ 이어서 조절점의 높낮이를 조절하여 '둥근 경로'의 모양을 바꿔봅니다.

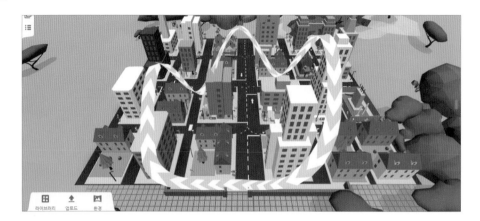

⑯ '롤러코스터'로 사용할 오브젝트를 가져오기 위해 [라이브러리]-[수송]에서 '기차'를 장면으로 드래그합니다.

⑰ 추가된 '기차' 도구 중에서 [드래그해서 크기 바꾸기(⊠)]를 아래쪽으로 드래그하여 크기를 줄입니다.

⑱ '기차'를 코딩할 수 있도록 '기차'를 선택한 후 마우스 오른쪽 버튼을 클릭한 다음 이름을 '기차'로 변경하고, [코드]를 클릭하여 [코블록스에서 사용]을 활성화합니다.

롤러코스터 코딩하기

새롭게 추가한 경로를 따라 롤러코스터를 체험할 수 있도록 코딩해 봅니다.

1 '기차'가 선택된 상태에서 상단 메뉴 중 [코드]-[코블록스]를 클릭합니다.

2 '기차'가 쉬지 않고 '둥근 경로'를 따라 이동할 수 있도록 [제어]에서 무한 반복하기 블록을 코딩 연결 창으로 드래그하여 연결합니다.

3 '사람'이 탑승하는 시간을 주기 위해 [제어]에서 1 초 기다리기 블록을 드래그하여 연결한 후 1초를 3초로 변경합니다.

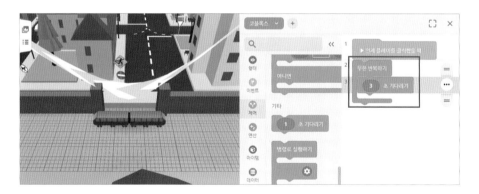

4 이어서 [동작]에서 블록을 드래그하여 연결한 후 '기차'가 60초 동안 '둥근 경로'를 따라 이동하도록 코딩을 완성합니다.

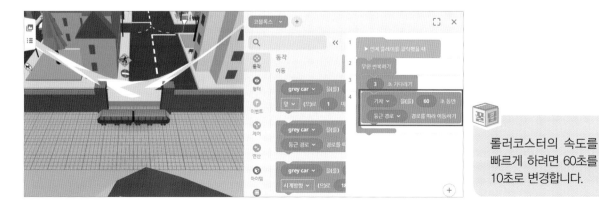

> 꿀팁
> 롤러코스터의 속도를 빠르게 하려면 60초를 10초로 변경합니다.

[5] 코딩이 완성되면 [코블록스] 창을 닫은 후 '기차'의 위치를 '둥근 경로' 위쪽으로 이동시킵니다.

[6] 롤러코스터를 탈 때 경로가 보이도록 '둥근 경로'를 선택한 후 마우스 오른쪽 버튼을 클릭하여 [경로]-[플레이 모드에서 보기]를 활성화합니다.

[7] 롤러코스터를 타고 있는 체험을 할 수 있도록 '카메라'를 선택한 후 마우스 오른쪽 버튼을 클릭하고 [붙이기]를 클릭합니다.

[8] 이어서 기차 첫 번째 칸 지붕의 파란색 원을 클릭합니다.

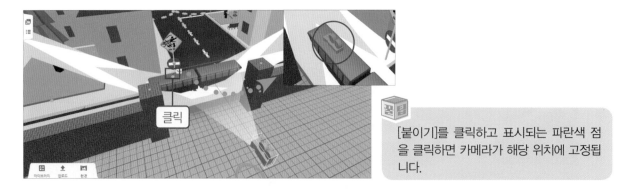

[붙이기]를 클릭하고 표시되는 파란색 점을 클릭하면 카메라가 해당 위치에 고정됩니다.

[9] 작품을 완성하면 상단 메뉴 중 [플레이]를 클릭하여 롤러코스터 체험을 해봅니다.

스스로
코스페이시스

예제파일 : https://cospac.es/f1oo | 완성파일 : https://cospac.es/XTds

1 경로를 지정하여 바닷속에서 상어가 난파선 주변을 20초 동안 계속 헤엄칠 수 있도록 해봅니다.

📍 **나와라, 힌트!** [코블록스]의 [제어], [동작] 탭에서 블록을 찾아 연결합니다.

2 경로를 지정하여 바닷속에서 다이버가 30초 동안 계속 헤엄치며 난파선 주변을 구경하도록 한 후 카메라를 다이버의 머리 위에 연결해 봅니다.

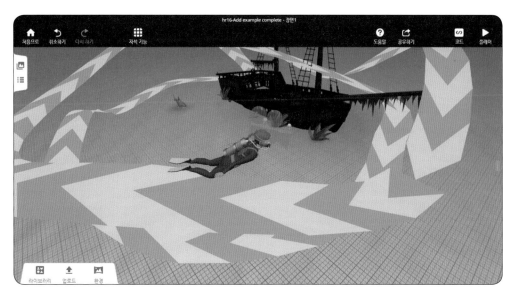

📍 **나와라, 힌트!** '카메라' [속성] 창에서 [붙이기]를 클릭해 봅니다.

CHAPTER

17

실내 건축가가 되어 주방 디자인하기

• 예제파일 : https://cospac.es/ZlTf
• 완성파일 : https://cospac.es/8KMb

학습목표

• 배경음악을 추가할 수 있습니다.
• 어질러진 주방을 정리할 수 있습니다.
• 일정한 시간 간격으로 닫혀 있던 가구의 문을 열 수 있습니다.
• 가구를 클릭하면 열려 있는 문을 닫을 수 있습니다.

1 배경음악 추가하기

음악을 들으면서 요리할 수 있도록 배경음악을 삽입해 봅니다.

[1] [크롬(◉)]을 실행한 후 [코스페이시스] 홈페이지(https://cospaces.io/edu)에 접속합니다.

[2] 페이지를 한국어로 번역한 후 [로그인]을 클릭하고 '아이디'와 '비밀번호'를 입력하여 로그인합니다.

[3] 과제를 확인하기 위해 [내 학급]-[해당과정]-[hr17-example]을 순서대로 클릭합니다.

[4] [hr17-example] 창이 열리면 미션 내용을 확인한 후 [닫기(◉)]를 클릭하여 창을 닫습니다.

[5] '배경음악'을 추가하기 위해 [환경]-[Background sound]를 클릭하여 [열기] 창이 나타나면 [예제파일]-[17강]에서 '배경음악'을 선택한 후 [열기]를 클릭합니다.

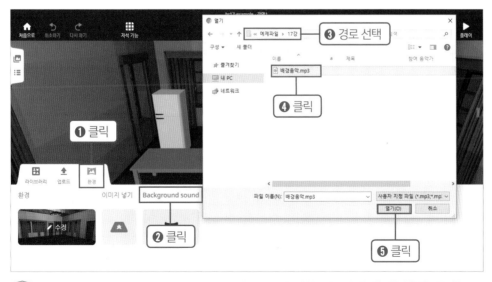

무료 배경음악은 "https://www.bensound.com"에서 다운로드 받을 수 있습니다.

2 어질러진 주방 정리하기

어질러져 있는 가구들을 깔끔하게 정리해 봅니다.

1 주방을 정리하기 위해 '스토브'를 선택한 후 주방 왼쪽 구석으로 드래그합니다.

2 이어서 '하부장'을 드래그하여 '스토브' 옆으로 이동시킵니다.

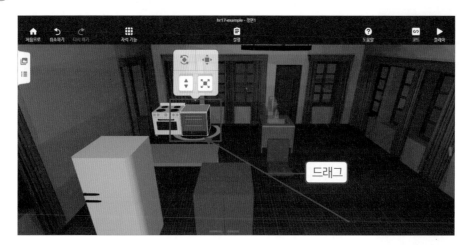

3 '싱크대'도 드래그하여 '하부장' 옆으로 이동시킵니다.

4 '싱크대' 옆에 '하부장'을 하나 더 붙이기 위해 '하부장'을 선택한 후 [Alt] 키를 누른 상태로 '싱크대' 옆으로 드래그합니다.

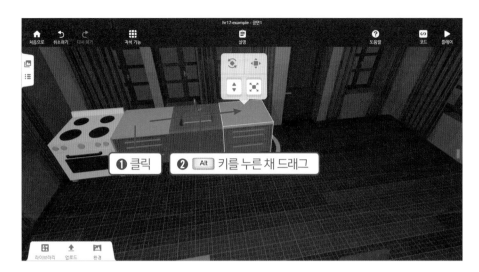

5 '상부장'을 '하부장' 위쪽으로 이동시키기 위해 '상부장'을 선택한 후 [드래그해서 올리기(⬍)]를 클릭하고 위쪽으로 드래그합니다.

6 '상부장'을 '스토브' 위쪽으로 이동시킵니다.

7. '상부장'을 선택한 후 [Alt] 키를 누른 상태로 오른쪽으로 드래그하는 작업을 반복하여 '상부장' 3개를 더 만듭니다.

8. '냉장고'와 '식탁', '의자'를 그림과 같이 오른쪽에 배치합니다.

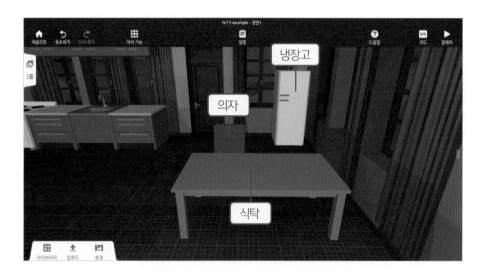

9. '의자'를 3개 복제하여 '식탁' 주위에 배치합니다.

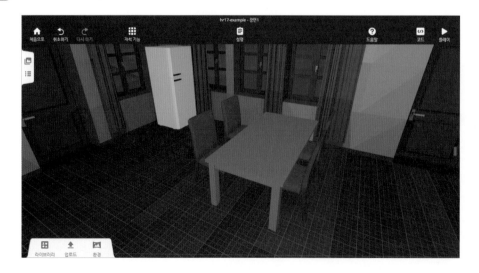

3 열린 가구 문 닫기

일정 시간 간격으로 열리는 가구의 문을 클릭하여 닫아 봅니다.

1 주방에 문이 있는 모든 가구를 선택하고 도구에서 [코드]-[코블록스에서 사용]을 활성화합니다.

2 일정 시간이 지나면 가구의 문이 전부 오픈되도록 코딩하기 위해 상단 메뉴 중 [코드]-[코블록스]를 클릭합니다.

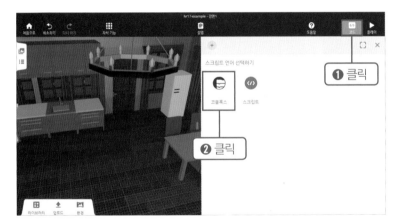

3 이어서 3초 간격으로 계속해서 가구의 문이 열리도록 [제어]에서  블록을 연결하고 1초를 3초로 변경합니다.

4️⃣ 가구의 문이 모두 열리도록 [형태]에서 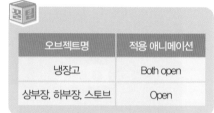 블록을 가구의 수만큼 연결한 후 [목록 버튼(📑)]을 클릭하여 '냉장고'를 '각 가구'로, '애니메이션 안 함'을 'Open'으로 변경합니다.

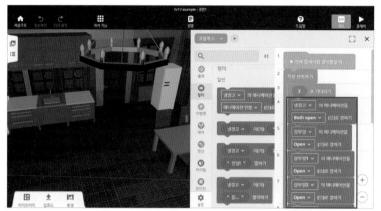

오브젝트명	적용 애니메이션
냉장고	Both open
상부장, 하부장, 스토브	Open

5️⃣ 가구를 클릭하면 열려 있는 문을 닫기 위해 [코블록스]를 추가한 후 [이벤트]에서 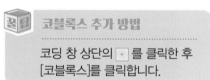, [형태]에서
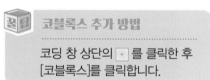 블록을 연결하여 '애니메이션 안 함'을 'Both closed'로 변경하는 코딩을 완성합니다.

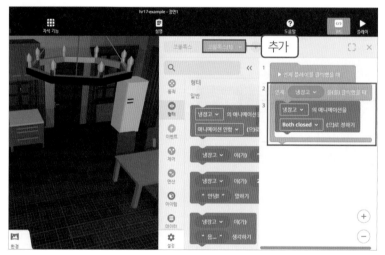

꿀팁 **코블록스 추가 방법**
코딩 창 상단의 ➕ 를 클릭한 후 [코블록스]를 클릭합니다.

6️⃣ 다른 주방가구도 클릭하면 문이 닫히도록 [코블록스]를 추가하며 코딩을 완성합니다.

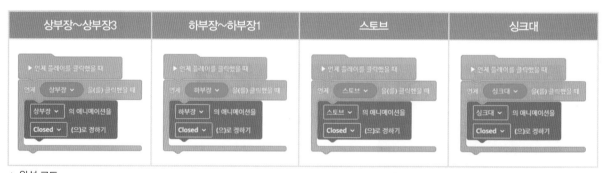

▲ 완성 코드

7️⃣ 작품을 완성하면 상단 메뉴 중 [플레이]를 클릭하여 열려 있는 가구의 문을 닫아 봅니다.

스스로 코스페이시스

예제파일 : https://cospac.es/66Xg | 완성파일 : https://cospac.es/DQaR

1 '사자'에 마우스가 닿으면 공격하도록 애니메이션을 'Sneak attack'으로 변경하고, 닿지 않으면 앉아 있도록 애니메이션을 'Sit'로 변경하는 코딩을 완성해 봅니다.

📍 나와라, 힌트! [코블록스]-[제어] 탭의 블록을 이용하여 문제를 해결합니다.

2 '호랑이'가 3초 동안 앉아 있다가 20초 동안 '둥근 경로' 따라 달리는 코딩을 완성해 봅니다.

📍 나와라, 힌트! [코블록스]-[형태] 탭의 블록을 이용하여 문제를 해결합니다.

선생님이 되어 친구들에게 질문하기

• 예제파일 : https://cospac.es/AjXa
• 완성파일 : https://cospac.es/ld6i

— 학습목표 —

• 문제를 만들 수 있습니다.
• 문제에 대한 정답을 체크할 수 있습니다.
• 답이 틀리면 처음부터 다시 시작할 수 있습니다.

1 문제 만들기

인터넷을 이용하여 역사와 관련된 문제를 만들어 봅니다.

① 인터넷을 실행한 후 '초등역사퀴즈'를 검색합니다.

② [지식iN]을 클릭하여 퀴즈로 사용할 문제를 직접 찾아봅니다.

③ 찾아본 문제를 퀴즈로 사용하기 위해 정답, 오답과 함께 기록해 둡니다.

	문제	정답	오답
예	고구려를 계승한 나라는 어느 나라입니까?	발해	고려
예	궁예를 몰아내고 고려를 세운 사람은 누구인가요?	왕건	김춘추
1			
2			
3			
4			
5			
6			
⋮			

2 문제 내기 코딩하기

문제에 대한 답에 따라 다음 문제를 내거나 재시작하는 코딩을 완성해 봅니다.

[1] [크롬(🔘)]을 실행한 후 [코스페이시스] 홈페이지(https://cospaces.io/edu)에 접속합니다.

[2] 페이지를 한국어로 번역한 후 [로그인]을 클릭하고 '아이디'와 '비밀번호'를 입력하여 로그인합니다.

[3] 과제를 확인하기 위해 [내 학급]-[해당과정]-[hr18-example]을 순서대로 클릭합니다.

[4] [hr18-example] 창이 열리면 미션 내용을 확인한 후 [닫기(🔘)]를 클릭하여 창을 닫습니다.

[5] 코딩을 시작하기 위해 상단 메뉴 중에서 [코드]-[코블록스]를 클릭합니다.

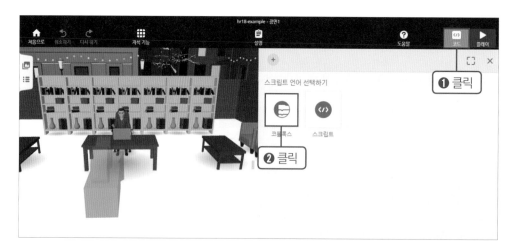

꿀팁 **문제를 준비할 때 정답과 오답을 준비하는 이유**

코딩을 통해 문제를 출제할 때 객관식으로 문제를 제시할 수 있습니다. 그러기 위해 객관식에 사용할 정답과 오답이 필요하므로 문제를 준비할 때는 정답과 오답을 준비합니다.

6 '선생님'을 클릭했는지 알 수 있도록 [이벤트]에서  블록을 연결합니다.

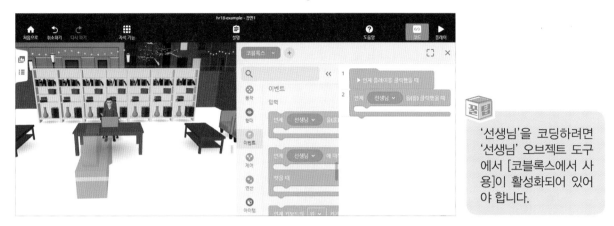

> 꿀팁
> '선생님'을 코딩하려면 '선생님' 오브젝트 도구에서 [코블록스에서 사용]이 활성화되어 있어야 합니다.

7 이어서 준비된 첫 번째 문제가 장면에 출력되도록 [형태]에서 [퀴즈창 보이기] 블록을 드래그하여 연결한 후 미리 준비한 문제, 정답, 오답을 입력합니다.

문제	고구려를 계승한 나라는 어느 나라입니까?
정답	발해
오답	고려

> 꿀팁 [퀴즈창 보이기] 블록 이해하기
>
>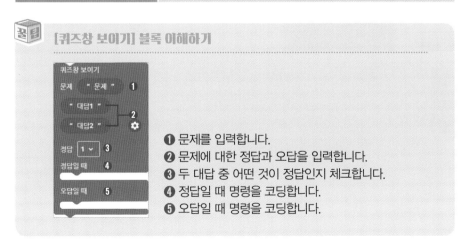
>
> ❶ 문제를 입력합니다.
> ❷ 문제에 대한 정답과 오답을 입력합니다.
> ❸ 두 대답 중 어떤 것이 정답인지 체크합니다.
> ❹ 정답일 때 명령을 코딩합니다.
> ❺ 오답일 때 명령을 코딩합니다.

8 답을 선택한 후 '선생님'이 정답인지 오답인지 알려줄 수 있도록 [형태]에서  블록을 2개 드래그하여 연결한 후 코딩을 완성합니다.

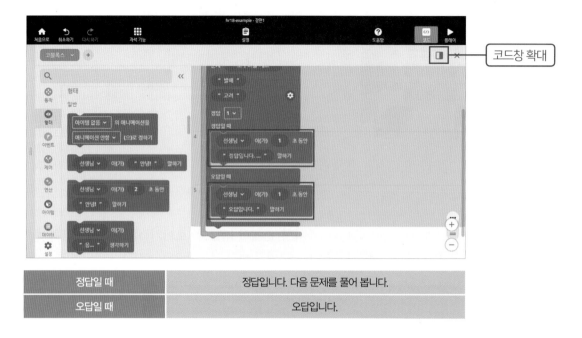

정답일 때	정답입니다. 다음 문제를 풀어 봅니다.
오답일 때	오답입니다.

9 정답이라면 다음 문제를 제시하기 위해 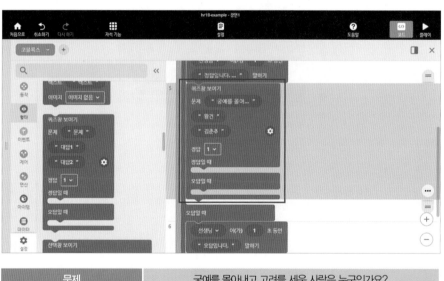 블록 아래쪽에 [형태]에서 [퀴즈창 보이기] 블록을 드래그하여 코딩을 완성합니다.

문제	궁예를 몰아내고 고려를 세운 사람은 누구인가요?
정답	왕건
오답	김춘추

[10] '선생님'이 정답인지 오답인지 알려줄 수 있도록 [형태]에서 [선생님 ▼ 이(가) 2 초 동안 "안녕!" 말하기] 블록을 2개 드래그하여 연결한 후 코딩을 완성합니다.

정답일 때	정답입니다. 준비된 문제를 다 풀었습니다.
오답일 때	오답입니다.

[11] 남아 있는 문제가 있다면 [8] ~ [9] 와 같은 방법으로 다른 문제를 제시하는 코딩을 완성합니다.

[12] 준비된 문제를 모두 풀었다면 가상현실이 종료되도록 [제어]에서 [코스페이스 끝내기 이미지 없음 ▼] 블록을 연결하여 코딩을 완성합니다.

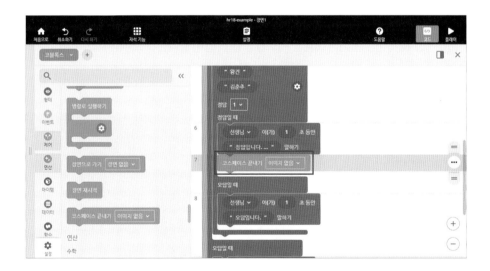

[13] 작품을 완성하면 상단 메뉴 중 [플레이]를 클릭하여 역사 문제를 풀어 봅니다.

스스로
코스페이시스

예제파일 : https://cospac.es/z22X | 완성파일 : https://cospac.es/YePk

1 | 오브젝트가 해당 경로를 따라 20초 동안 이동하도록 만들어 봅니다.

오브젝트명	경로명
토끼	토끼 경로
코끼리	코끼리 경로
강아지	강아지 경로
고양이	고양이 경로
곰	곰 경로
돼지	곰 경로
양	양 경로
말	말 경로

 나와라, 힌트! [코드]–[코블록스]–[제어], [동작] 탭의 블록을 이용하여 문제를 해결합니다.

2 | 오브젝트를 클릭하면 자기 이름을 영어로 묻는 퀴즈를 만들고, 답이 틀리면 코스페이시스가 종료되도록 만들어 봅니다.

오브젝트명	영어 이름
토끼	rabbit
코끼리	elephant
강아지	dog
고양이	cat
곰	bear
돼지	pig
양	sheep
말	horse

 나와라, 힌트! [코드]–[코블록스]–[이벤트], [형태], [제어] 탭의 블록을 이용하여 문제를 해결합니다.

CHAPTER 19

디제이가 되어 다양한 노래 틀기

• 예제파일 : https://cospac.es/WKOe
• 완성파일 : https://cospac.es/9ePd

— 학습목표 —

• 무료음악을 다운로드 할 수 있습니다.
• 음악을 업로드 할 수 있습니다.
• 버튼을 클릭하여 다음, 이전 음악을 재생할 수 있습니다.

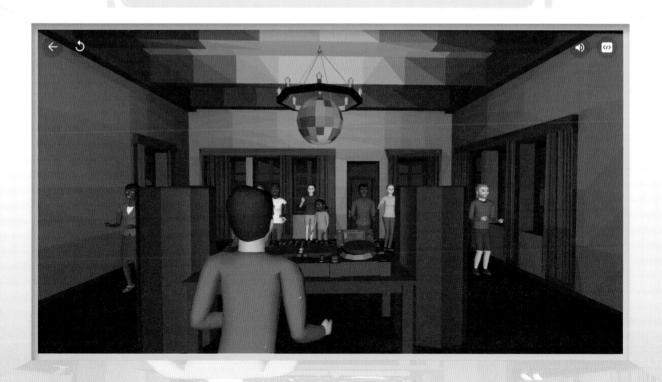

1 무료음악 다운로드 받기

사이트에서 무료로 사용할 수 있는 음악을 다운로드 받아 봅니다.

1 [크롬(◉)]을 실행한 후 [Bensound] 홈페이지(https://www.bensound.com)에 접속합니다.

2 음악을 미리 들어보기 위해 해당 음악의 ▶ 를 클릭합니다.

3 원하는 음악을 찾으면 DOWNLOAD 를 클릭하여 선택한 음악을 다운로드 받습니다.

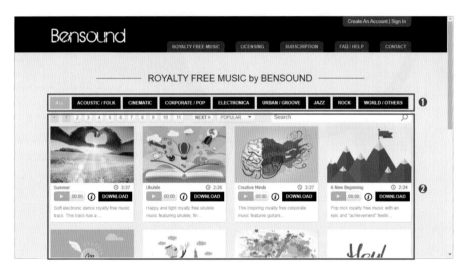

❶ 음악이 주제별로 모여 있습니다.

❷ 주제별로 모여 있는 음악을 확인할 수 있습니다.

4 [다운로드] 창이 열리면 DOWNLOAD 를 클릭합니다.

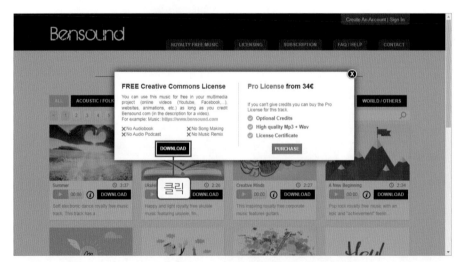

크롬에서 파일을 다운로드 받을 때 경로를 지정하지 않으면 'C:₩Users₩admin ₩Downloads' 폴더에 다운로드 받은 파일이 저장됩니다.

2 무료음악 업로드하기

다운로드 받은 음악을 코스페이시스에 업로드합니다.

1 [크롬(●)]을 실행한 후 [코스페이시스] 홈페이지(https://cospaces.io/edu)에 접속합니다.

2 페이지를 한국어로 번역한 후 [로그인]을 클릭하고 '아이디'와 '비밀번호'를 입력하여 로그인합니다.

3 과제를 확인하기 위해 [내 학급]-[해당과정]-[hr19-example]을 순서대로 클릭합니다.

4 [hr19-example] 창이 열리면 미션 내용을 확인한 후 [닫기(⊗)]를 클릭하여 창을 닫습니다.

5 다운로드 받은 음악을 [코스페이시스]에 업로드하기 위해 [업로드]-[소리]를 클릭합니다.

❶ 외부에서 다운로드 받은 음악을 업로드할 수 있습니다.

❷ 직접 녹음하여 사용할 수 있습니다.

6 [업로드]를 클릭하여 [열기] 창이 나타나면 [예제파일]-[19강] 폴더에서 '배경음악1', '배경음악2', '배경음악3', '배경음악4'를 선택한 후 [열기]를 클릭합니다.

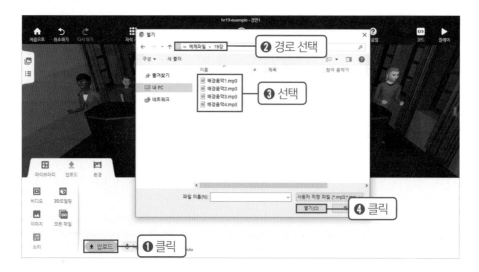

7 [재생] 버튼을 클릭하여 업로드한 음악을 확인해 봅니다.

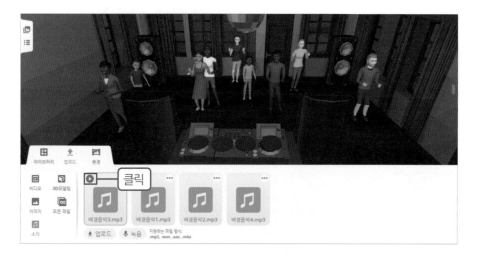

8 음악을 확인한 후 불필요한 음악은 [자세히(•••)]를 클릭하고 [영구 삭제하기]를 클릭합니다.

버튼을 클릭하여 음악 재생하기

버튼을 클릭하면 이전 음악, 다음 음악이 재생되도록 코딩해 봅니다.

1. 코딩을 시작하기 위해 상단 메뉴 중에서 [코드]-[코블록스]를 클릭합니다.

2. '음악1' 버튼을 클릭하면 '배경음악1'이 재생되도록 하기 위해 [이벤트]에서 블록을 드래그하여 연결합니다.

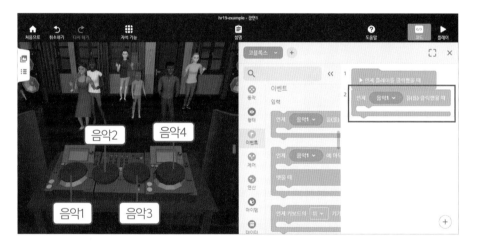

3. 이어서 재생되고 있는 음악이 있다면 [형태]에서 블록을 연결하여 모든 소리를 멈추는 코딩을 완성합니다.

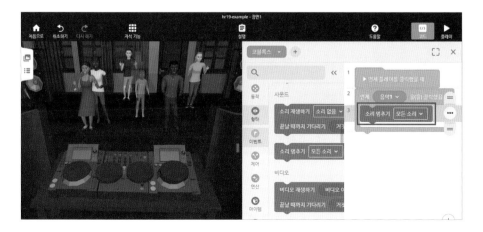

4️⃣ 다른 소리가 멈추면 [형태]에서 블록을 연결하고 '소리 없음'을 '배경음악 1'로 변경합니다.

5️⃣ 2️⃣ ~ 4️⃣ 와 같은 방법으로 '음악2', '음악3', '음악4' 버튼을 클릭하면 '배경음악2', '배경음악3', '배경음악4'가 재생되도록 [코블록스]를 추가하며 코딩을 완성해 봅니다.

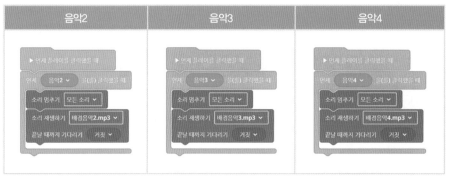

▲ 완성 코드

6️⃣ 작품을 완성하면 상단 메뉴 중 [플레이]를 클릭하여 음악을 바꿔 가며 디제잉을 해봅니다.

예제파일 : https://cospac.es/9Uht | 완성파일 : https://cospac.es/FIUs

1| '썰매'가 계속해서 '둥근 경로'를 따라 60초 동안 이동할 수 있도록 코딩을 완성합니다.

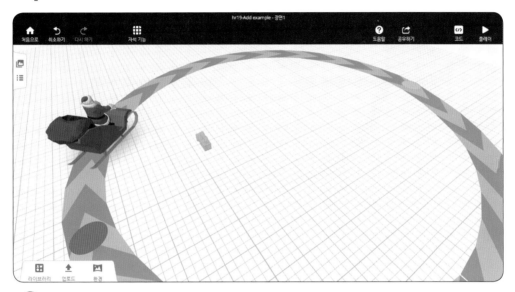

📍 **나와라, 힌트!** [코드]–[코블록스]–[제어], [동작] 탭의 블록을 이용하여 문제를 해결합니다.

2| 빨간색 버튼이 '썰매'에 닿으면 '배경음악1'이 재생되고, 노란색 버튼이 '썰매'에 닿으면 '배경음악2'가 재생되도록 코딩을 완성합니다.

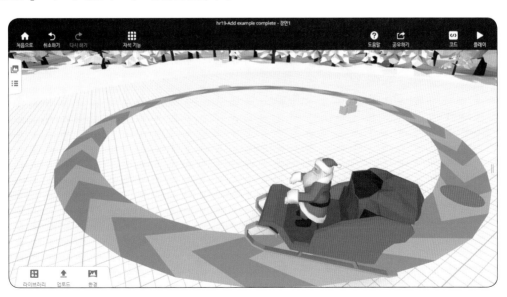

📍 **나와라, 힌트!** [코드]–[코블록스]–[이벤트], [형태] 탭의 블록을 이용하여 문제를 해결합니다.

그룹으로 놀이동산 꾸미기

- 예제파일 : https://cospac.es/7r6z
- 완성파일 : https://cospac.es/ssS3

학습목표

- 외부에서 3D 모델을 업로드하여 놀이동산을 꾸밀 수 있습니다.
- 라이브러리를 이용하여 조경을 꾸밀 수 있습니다.
- 어두운 밤을 밝힐 가로등을 추가할 수 있습니다.
- 놀이동산을 구경하는 관람객을 설정할 수 있습니다.

*외부 3D 모델 : Poly에서 제공

1   [크롬(●)]을 실행한 후 [코스페이시스] 홈페이지(https://cospaces.io/edu)에 접속합니다.

2   페이지를 한국어로 번역한 후 [로그인]을 클릭하고 '아이디'와 '비밀번호'를 입력하여 로그인합니다.

3   과제를 확인하기 위해 [내 학급]-[해당과정]-[hr20-example]을 순서대로 클릭합니다.

4   [hr20-example] 창이 열리면 미션 내용을 확인한 후 [닫기(●)]를 클릭하여 창을 닫습니다.

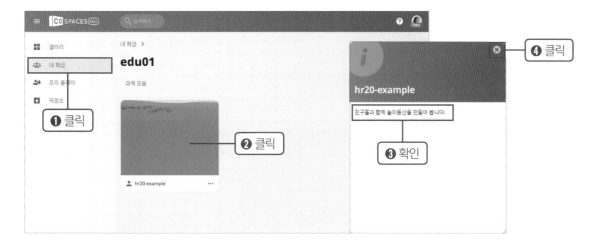

5   친구들과 미션을 나누고, 미션을 해결할 친구의 이름을 기록해 봅니다.

	해결할 미션	미션을 해결할 친구
미션 ❶	3D 모델 가져와 놀이동산 만들기	
미션 ❷	놀이동산 조경 꾸미기	
미션 ❸	놀이동산에 관람객 추가하고, 가로등 설치하기	

미션 ❶ [업로드]를 이용하여 외부에서 3D 모델을 가져와 놀이동산을 꾸며 봅니다.

미션 ❷ [라이브러리]를 이용하여 놀이동산의 조경을 꾸며 봅니다.

미션 ❸ [라이브러리]를 이용하여 놀이동산에 관람객을 추가하고 가로등을 설치해 봅니다.

 미션 해결하기

선택한 미션을 해결하기 위해 해당하는 미션 페이지로 이동하여 미션 해결 방법을 참고 합니다.

웹 검색을 사용하여 필요한 놀이기구를 코스페이시스에 업로드해 봅니다.

① 외부에서 놀이기구를 검색하기 위해 [업로드]-[3D모델링]-[웹 검색]을 클릭합니다.

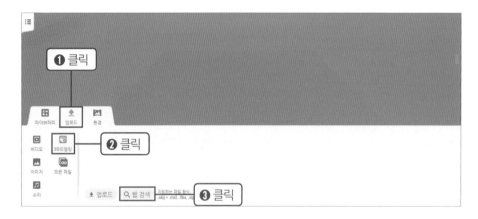

② 검색창에 'Amusement park'를 입력한 후 Enter 키를 눌러 놀이동산 관련 3D 모델이 검색되면 마음에 드는 놀이기구를 찾아봅니다.

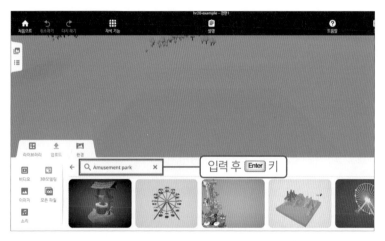

꿀팁

놀이기구와 관련된 검색 단어

놀이기구	검색 단어
놀이터	Playground
슬라이드	Slide
물놀이	Water play

③ 마음에 드는 놀이기구를 찾았다면 놀이기구를 장면으로 드래그합니다.

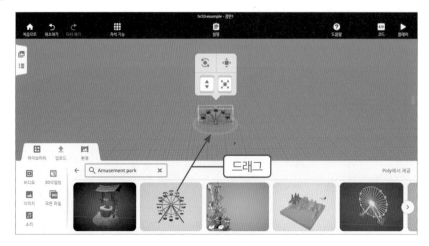

4 놀이기구가 바닥에 숨겨져 있다면 [드래그해서 올리기(⋮)]를 클릭한 상태에서 위쪽으로 드래그하여 놀이
기구를 바닥 위로 올립니다.

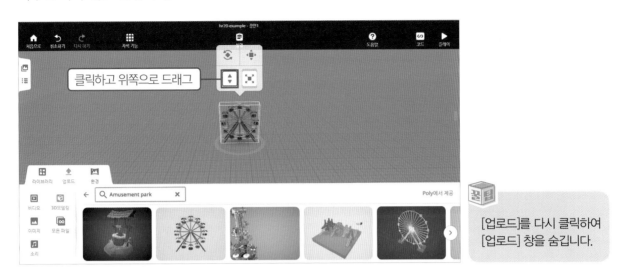

[업로드]를 다시 클릭하여
[업로드] 창을 숨깁니다.

5 놀이기구의 크기를 변경하기 위해 [드래그해서 크기 바꾸기(⬚)]를 위쪽으로 드래그하여 크기를 알맞게
키웁니다.

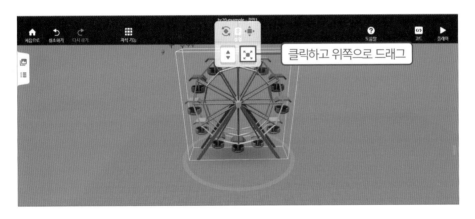

6 놀이기구 설치가 끝나면 마우스 오른쪽 버튼을 클릭하고 [속성] 창에서 [잠금]을 클릭합니다.

오브젝트를 잠그는 이유

그룹이 같이 장면을 꾸밀 때 완성한 놀이기구의 위치나 크기를 다른 조원이 실수
로 변경할 수도 있기 때문에 완성한 오브젝트는 잠가 두어야 합니다.

7 ①~⑥과 같은 방법으로 놀이동산을 완성해 봅니다.

3 [미션 ②] 놀이동산 조경 꾸미기

라이브러리에서 필요한 조형물을 찾아 놀이동산을 꾸며 봅니다.

① 놀이동산을 꾸미기 위해 [라이브러리]-[자연]을 클릭하고 '나무'를 장면으로 드래그합니다.

② [드래그해서 크기 바꾸기(⬚)]를 이용하여 장면에 추가한 나무의 크기도 조절해 봅니다.

③ 추가한 나무를 선택한 후 마우스 오른쪽 버튼을 클릭하여 [속성] 창이 나타나면 [잠금]을 클릭합니다.

4 ①~③과 같은 방법으로 다른 위치에도 나무를 심고 크기를 조절합니다.

5 이어서 놀이기구 사이에 사람들이 쉴 수 있는 벤치를 추가하기 위해 [라이브러리]-[주택]-[도시]에서 '벤치'를 장면으로 드래그합니다.

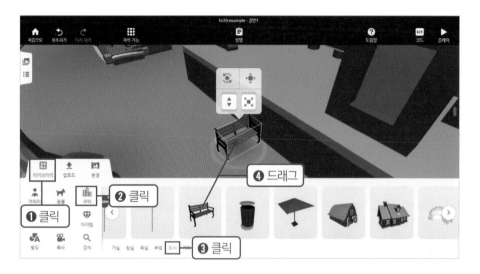

6 '벤치'를 회전시키기 위해 벤치 아래에 있는 파란색 원을 왼쪽으로 드래그합니다.

오브젝트를 선택하면 밑에 파란색 원이 표시됩니다. 이 원에 마우스 포인터를 위치하면 파란색이 노란색으로 바뀌게 됩니다.

7 Alt 키를 누른 상태로 '벤치'를 오른쪽과 왼쪽으로 드래그하여 복제한 후 마우스 오른쪽 버튼을 클릭하여 [속성] 창이 나타나면 [잠금]을 클릭합니다.

8 5 ~ 7 과 같은 방법으로 다른 오브젝트들도 장면에 추가하여 놀이동산의 조경을 꾸며 봅니다.

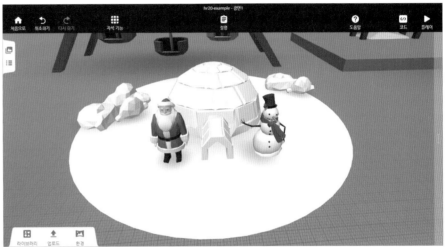

[미션 ❸] 가로등과 관람객 추가하기

어두운 밤을 밝힐 가로등과 놀이동산을 관람하는 관람객을 추가해 봅니다.

☐ '가로등'을 놀이동산에 추가하기 위해 [라이브러리]-[주택]-[도시]에서 '가로등'을 장면으로 드래그합니다.

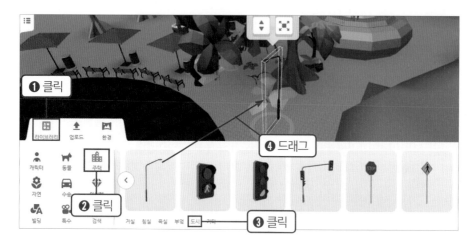

☐ '관람객'을 놀이동산에 추가하기 위해 [라이브러리]-[캐릭터]에서 원하는 '캐릭터'를 장면으로 드래그합니다.

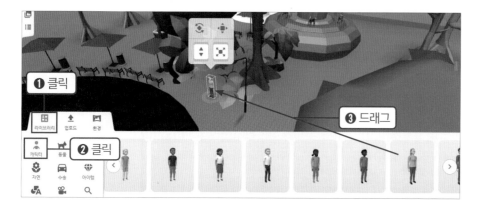

☐ 놀이동산 곳곳에 '관람객'과 '가로등'을 추가합니다.

☐ '안전요원'이 놀이동산을 돌아다닐 수 있도록 [라이브러리]-[캐릭터]-[JOBS]에서 '경찰'을 장면으로 드래 그합니다.

5 '안전요원'을 코딩할 수 있도록 [속성] 창에서 이름을 '안전요원'으로 변경한 후 [코드]-[코블록스에서 사용]을 활성화합니다.

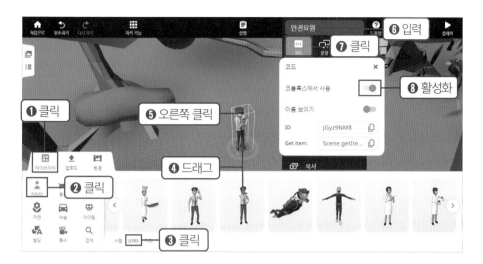

6 '안전요원'이 놀이동산을 돌아다닐 수 있도록 [라이브러리]-[특수]에서 '둥근 경로'를 장면으로 드래그한 후 경로를 자유롭게 변경합니다.

7 '안전요원'이 걷는 모습을 표현하기 위해 [속성] 창에서 [애니메이션]-[Actions]-[Walk]를 선택합니다.

8 이어서 [코블록스]를 실행한 후 [제어]의 [무한 반복하기] 블록과 [동작]의 [둥근 경로 용(를) 5 초 동안 경로를 따라 이동하기] 블록을 연결하여 '안전요원'이 '둥근 경로'를 따라 50초 동안 이동할 수 있도록 코딩을 완성합니다.

9 작품을 완성하면 상단 메뉴 중 [플레이]를 클릭하여 놀이동산을 관람해 봅니다.

스스로
코스페이시스

예제파일 : https://cospac.es/zw5Z | 완성파일 : https://cospac.es/CjDg

1

놀이동산에 '관람객'을 더 추가한 후 '관람객'이 놀이공원을 돌아다니며 구경할 수 있도록 애니메이션을 적용하고, 코딩을 완성합니다.

나와라, 힌트! [코드]-[코블록스]-[제어], [동작] 탭의 블록을 이용하여 문제를 해결합니다.

2

놀이동산에 '새'를 추가한 후 놀이동산 주변을 날아다닐 수 있도록 애니메이션을 적용하고, 코딩을 완성합니다.

나와라, 힌트! [코드]-[코블록스]-[제어], [동작] 탭의 블록을 이용하여 문제를 해결합니다.

168 신나는 VR & AR 세상 코스페이시스 스타터

CHAPTER

21

그룹으로
아파트 완성하기

- 예제파일 : https://cospac.es/xCF6
- 완성파일 : https://cospac.es/9xPs

학습목표

- 미완성된 장면을 완성할 수 있습니다.
- 장면에 가구를 추가할 수 있습니다.
- 문을 클릭하여 다른 방으로 이동할 수 있습니다.

예제파일을 불러와 미션 나누기

친구들과 함께 미션을 해결하기 위해 미션을 나눠 봅니다.

[1] [크롬(●)]을 실행한 후 [코스페이시스] 홈페이지(https://cospaces.io/edu)에 접속합니다.

[2] 페이지를 한국어로 번역한 후 [로그인]을 클릭하고 '아이디'와 '비밀번호'를 입력하여 로그인합니다.

[3] 과제를 확인하기 위해 [내 학급]-[해당과정]-[hr21-example]을 순서대로 클릭합니다.

[4] [hr21-example] 창이 열리면 미션 내용을 확인한 후 [닫기(●)]를 클릭하여 창을 닫습니다.

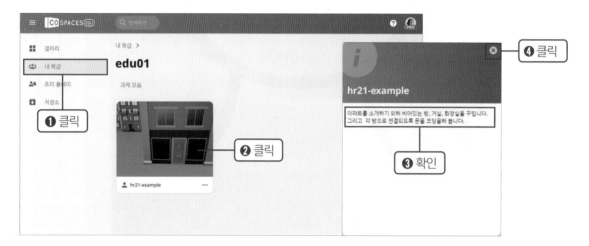

[5] 친구들과 미션을 나누고, 미션을 해결할 친구의 이름을 기록해 봅니다.

해결할 미션		미션을 해결할 친구
미션 ❶	'방' 꾸미기	
미션 ❷	'화장실' 꾸미기	
미션 ❸	'서재' 꾸미기	

미션 ❶ [라이브러리]를 이용하여 '방'을 꾸며 봅니다.
미션 ❷ [라이브러리]를 이용하여 '화장실'을 꾸며 봅니다.
미션 ❸ [라이브러리]를 이용하여 '서재'를 꾸며 봅니다.

미션 해결하기

선택한 미션을 해결하기 위해 해당하는 미션 페이지로 이동하여 미션 해결 방법을 참고합니다.

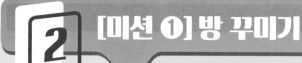

[미션 ①] 방 꾸미기

라이브러리를 이용하여 비어 있는 방을 완성해 봅니다.

1️⃣ 현관에서 방으로 이동하기 위해 [장면목록] 버튼을 클릭한 후 '방'을 선택하고 [장면목록] 버튼을 다시 클릭하여 목록을 숨깁니다.

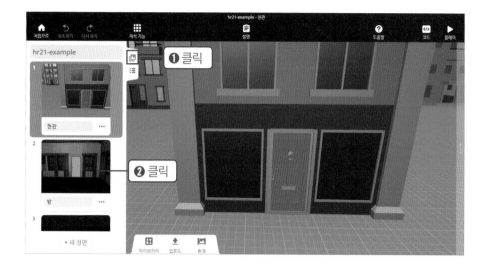

2️⃣ 비어 있는 방을 꾸미기 위해 [라이브러리]-[주택]-[침실]에서 '방'과 관련된 오브젝트를 장면으로 드래그하여 방을 완성해 봅니다.

 오브젝트의 크기가 크거나 작다면 [드래그해서 크기 바꾸기(⊠)]를 드래그하여 오브젝트의 크기를 변경합니다.

③ '방'에서 다른 장면으로 이동하도록 코딩을 완성하기 위해 상단 메뉴 중에서 [코드]-[코블록스]를 클릭합니다.

④ [이벤트]의 [언제 문 ∨ 을(를) 클릭했을 때] 블록과 [제어]의 [장면으로 가기 장면 없음 ∨] 블록을 연결하여 '문'을 클릭하면 '거실' 장면으로 이동할 수 있도록 코딩을 완성합니다.

⑤ [코블록스]를 추가한 후 [이벤트]의 [언제 문 ∨ 을(를) 클릭했을 때] 블록과 [제어]의 [장면으로 가기 장면 없음 ∨] 블록을 연결하여 '화장실문'을 클릭하면 '화장실' 장면으로 이동할 수 있도록 코딩을 완성합니다.

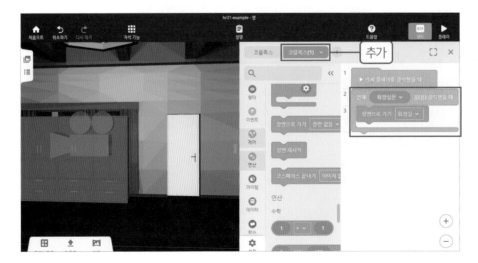

3 [미션 ❷] 거실 꾸미기

라이브러리를 이용하여 비어 있는 거실을 완성해 봅니다.

1️⃣ '현관'에서 '거실'로 이동하기 위해 [장면목록] 버튼을 클릭한 후 '거실'을 선택하고 [장면목록] 버튼을 다시 클릭하여 목록을 숨깁니다.

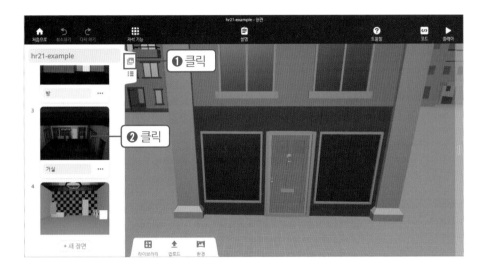

2️⃣ 비어 있는 거실을 꾸미기 위해 [라이브러리]-[주택]-[거실]에서 거실과 관련된 오브젝트를 장면으로 드래그하여 거실을 완성해 봅니다.

 오브젝트의 크기가 크거나 작다면 [드래그해서 크기 바꾸기(⊡)]를 드래그하여 오브젝트의 크기를 변경합니다.

3 '거실'에서 다른 장면으로 이동하도록 코딩을 완성하기 위해 상단 메뉴 중에서 [코드]-[코블록스]를 클릭합니다.

4 [이벤트]의  블록과 [제어]의 블록을 연결하여 '방문'을 클릭하면 '방' 장면으로 이동할 수 있도록 코딩을 완성합니다.

5 [코블록스]를 추가한 후 [이벤트]의 블록과 [제어]의 블록을 연결하여 '현관문'을 클릭하면 '현관' 장면으로 이동할 수 있도록 코딩을 완성합니다.

4 [미션 ❸] 화장실 꾸미기

라이브러리를 이용하여 비어 있는 화장실을 완성해 봅니다.

1️⃣ '현관'에서 '화장실'로 이동하기 위해 [장면목록] 버튼을 클릭한 후 '화장실'을 선택하고 [장면목록] 버튼을
다시 클릭하여 목록을 숨깁니다.

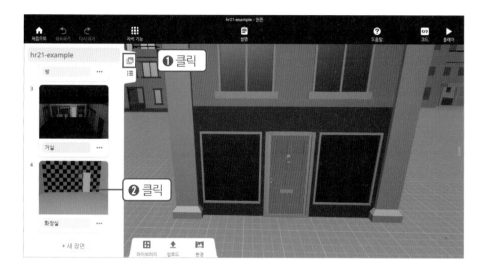

2️⃣ 비어 있는 화장실을 꾸미기 위해 [라이브러리]-[주택]-[욕실]에서 '화장실'과 관련된 오브젝트를 장면으
로 드래그하여 화장실을 완성해 봅니다.

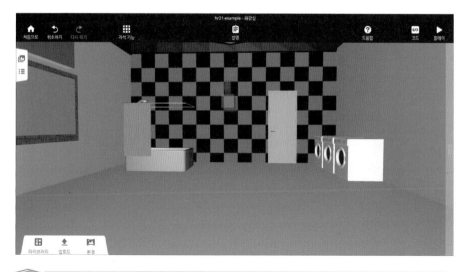

 오브젝트의 크기가 크거나 작다면 [드래그해서 크기 바꾸기(⊠)]를 드래그하여
오브젝트의 크기를 변경합니다.

3 '화장실'에서 다른 장면으로 이동할 수 있도록 코딩을 완성하기 위해 상단 메뉴 중에서 [코드]-[코블록스]를 클릭합니다.

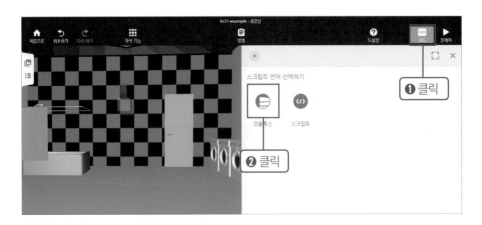

4 [이벤트]의 ⟨언제 문▼ 을(를) 클릭했을 때⟩ 블록과 [제어]의 ⟨장면으로 가기 장면 없음▼⟩ 블록을 연결하여 '방문'을 클릭하면 '방' 장면으로 이동할 수 있도록 코딩을 완성합니다.

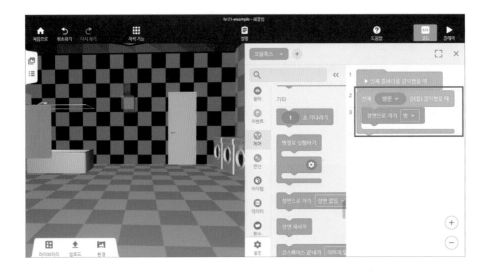

5 작품을 완성하면 상단 메뉴 중 [플레이]를 클릭하여 작품을 감상해 보고, 문을 클릭하여 다른 장면으로 이동해 봅니다.

스스로
코스페이시스

예제파일 : https://cospac.es/hmHL | 완성파일 : https://cospac.es/IVOI

1 | '로켓'을 클릭하면 '로켓'이 '경로'를 따라 10초 동안 날아가다가 '우주' 장면으로 전환되도록 코딩을 완성합니다.

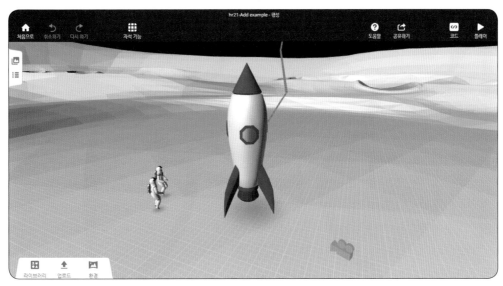

📍 나와라,
힌트! [코드]─[코블록스]─[이벤트], [동작], [제어] 탭의 블록을 이용하여 문제를 해결합니다.

2 | '로켓'을 클릭하면 '로켓'이 '경로'를 따라 20초 동안 행성 주변을 여행할 수 있도록 코딩을 완성합니다.

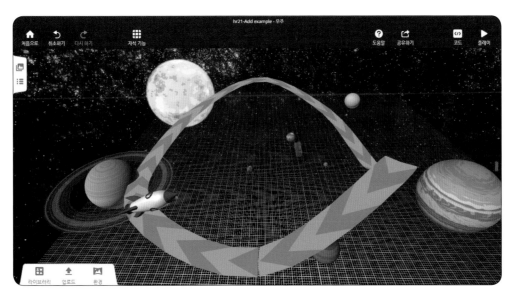

📍 나와라,
힌트! [코드]─[코블록스]─[이벤트]─[동작] 탭의 블록을 이용하여 문제를 해결합니다.

CHAPTER

22

그룹으로
학교 만들기

- 예제파일 : https://cospac.es/hlby
- 완성파일 : https://cospac.es/2B3X

학습목표

- 미완성된 교실을 완성할 수 있습니다.
- 교실에 책상과 의자를 배치할 수 있습니다.
- 교실에 학생들을 추가할 수 있습니다.
- 학생을 클릭하면 이름을 확인할 수 있습니다.

1 예제파일을 불러와 미션 나누기

친구들과 함께 미션을 해결하기 위해 미션을 나눠 봅니다.

[1] [크롬(●)]을 실행한 후 [코스페이시스] 홈페이지(https://cospaces.io/edu)에 접속합니다.

[2] 페이지를 한국어로 번역한 후 [로그인]을 클릭하고 '아이디'와 '비밀번호'를 입력하여 로그인합니다.

[3] 과제를 확인하기 위해 [내 학급]-[해당과정]-[hr22-example]을 순서대로 클릭합니다.

[4] [hr22-example] 창이 열리면 미션 내용을 확인한 후 [닫기(●)]를 클릭하여 창을 닫습니다.

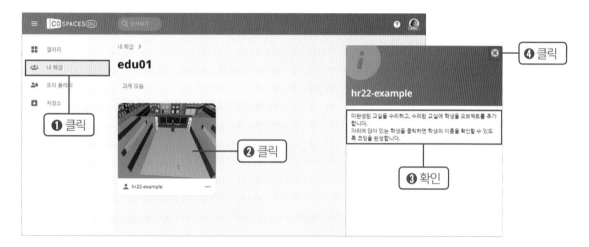

[5] 친구들과 미션을 나누고, 미션을 해결할 친구의 이름을 기록해 봅니다.

해결할 미션		미션을 해결할 친구
미션 ❶	미완성된 교실 건물을 완성합니다.	
미션 ❷	교실에 책상과 의자를 배치합니다.	
미션 ❸	등교한 학생을 의자에 앉힙니다.	

미션 ❶ [빌딩]을 이용하여 미완성된 교실 건물을 완성합니다.

미션 ❷ [라이브러리]와 [업로드]를 이용하여 교실 안을 채워봅니다.

미션 ❸ [애니메이션]을 이용하여 등교한 학생을 자리에 앉혀 봅니다.

 미션 해결하기

선택한 미션을 해결하기 위해 교재에서 해당하는 미션 페이지로 이동하여 미션 해결 방법을 참고합니다.

[미션 ❶] 교실 완성하기

벽을 세워 미완성된 교실을 완성해 봅니다.

1️⃣ 미완성된 교실을 완성하기 위해 '왼쪽 아래쪽 벽'을 '교실' 왼쪽으로 드래그하여 아래쪽 바닥과 연결합니다.

2️⃣ '왼쪽 창문'을 '왼쪽 아래쪽 벽' 쪽으로 드래그합니다.

3️⃣ [드래그해서 올리기(⬍)]를 위쪽으로 드래그하여 '왼쪽 창문'을 위로 띄웁니다.

4 맨 뒤에 위치해 있는 '왼쪽 위쪽 벽'을 '왼쪽 아래쪽 벽' 쪽으로 드래그합니다.

5 [드래그해서 올리기(:)]를 위쪽으로 드래그하여 '왼쪽 아래쪽 벽'을 '왼쪽 창문' 위로 띄웁니다.

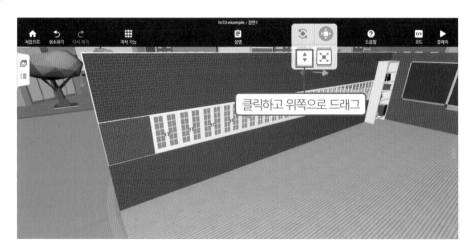

6 오른쪽 벽도 왼쪽 벽과 동일하게 쌓아 올립니다.

7 왼쪽 벽과 오른쪽 벽을 모두 세우면 연결한 벽을 하나씩 선택한 후 마우스 오른쪽 버튼을 클릭하고 [속성] 창에서 [잠금]을 클릭합니다.

3 [미션 ❷] 교실 채우기

비어 있는 교실에 책상과 의자를 채워 봅니다.

1️⃣ [라이브러리]-[주택]-[기타]에서 '책상'과 '의자'를 장면으로 드래그해서 배치한 후 [라이브러리]를 다시 클릭하여 [라이브러리] 창을 숨깁니다.

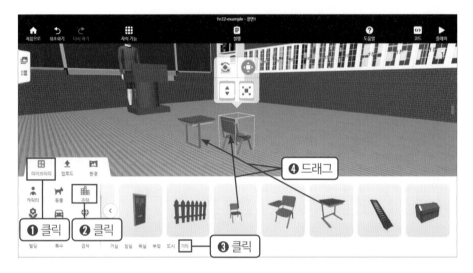

2️⃣ '의자'와 '책상'의 방향을 회전한 후 교실의 높이에 맞게 [드래그해서 올리기(⬍)]를 위쪽으로 드래그하여 높이를 맞춥니다.

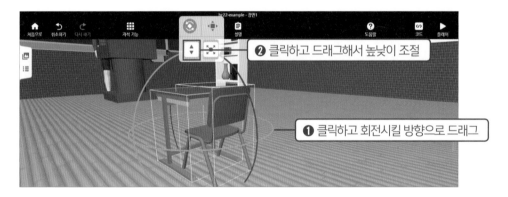

3️⃣ '의자'와 '책상'의 [드래그해서 크기 바꾸기(⛶)]를 드래그하여 크기를 조절합니다.

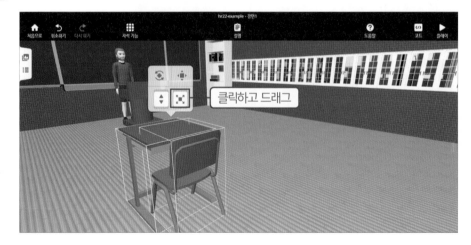

4 학생이 앉을 수 있을 정도로 의자를 빼놓은 상태에서 [Shift] 키를 누른 상태로 '책상'과 '의자'를 선택한 후
   [G] 키를 눌러 그룹화합니다.

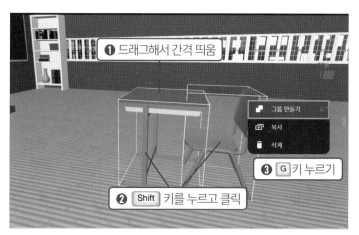

여러 개의 오브젝트를 선택한 다음 마우스
오른쪽 버튼을 클릭하고 [그룹 만들기]를 선
택하거나 [G] 키를 누르면 선택한 오브젝트
가 그룹으로 묶입니다.

5 그룹화된 오브젝트를 교실 왼쪽 앞으로 이동시킵니다.

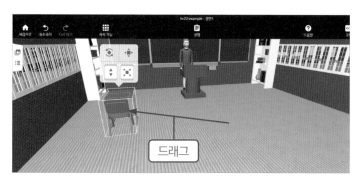

그룹화된 오브젝트들은 하나의 오브젝트처
럼 관리할 수 있습니다.

6 [Alt] 키를 누른 상태로 그룹화된 오브젝트를 오른쪽으로 드래그하여 복제합니다.

7 [6]과 같은 방법으로 그룹화된 오브젝트를 복제하여 '책상'과 '의자'를 교실 전체에 채웁니다.

8 '책상'과 '의자'를 교실에 모두 채운 후 오브젝트를 선택하고 마우스 오른쪽 버튼을 클릭하여 [속성] 창이
   나타나면 [잠금]을 클릭합니다.

4 [미션 ❸] 등교한 학생 표현하기

라이브러리에서 학생을 장면으로 추가하여 의자에 앉혀 봅니다.

1 의자에 학생을 앉히기 위해 [라이브러리]-[캐릭터]에서 '캐릭터'를 장면으로 드래그합니다.

2 [드래그해서 크기 바꾸기(▣)]를 위쪽으로 드래그하여 캐릭터의 크기를 교실에 맞게 조절합니다.

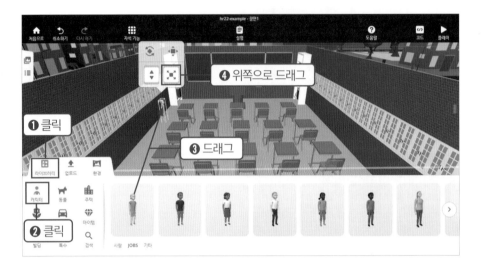

3 [라이브러리]를 다시 클릭하여 [라이브러리] 창을 숨깁니다.

4 '캐릭터'가 의자에 앉아 있는 모습으로 바꾸기 위해 '캐릭터'를 선택하고 마우스 오른쪽 버튼을 클릭하여 [속성] 창이 나타나면 [애니메이션]-[Postures]-[Sit on chair]를 클릭합니다.

5 '캐릭터'의 이름을 '정윤정'으로 변경한 후 [코드]-[코블록스에서 사용]을 활성화합니다.

6 이어서 장면의 아무 곳이나 클릭하여 [속성] 창을 닫습니다.

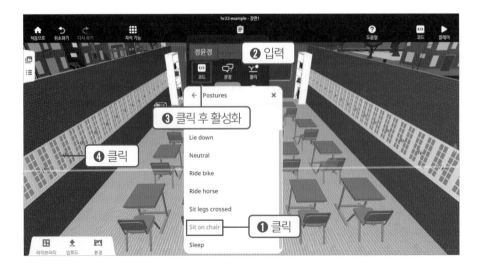

7 '정윤정' 학생을 첫 번째 의자에 앉히기 위해 '정윤정' 학생을 선택한 후 마우스 오른쪽 버튼을 클릭하여 [붙이기]를 클릭합니다.

8 첫 번째 의자 바닥에 있는 파란색 점을 클릭하여 '정윤정' 학생을 의자에 앉힙니다.

9 ①~⑧과 같은 방법으로 모든 의자에 학생들을 앉히고 이름도 자유롭게 정해 봅니다.

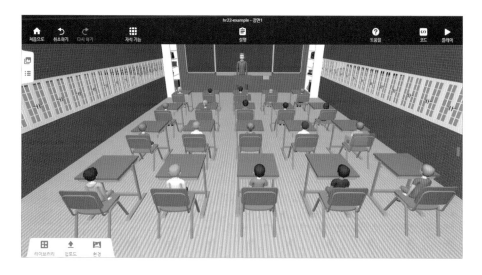

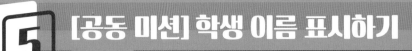

5 [공동 미션] 학생 이름 표시하기

자리에 앉아 있는 학생을 클릭하면 학생의 이름이 나타날 수 있도록 코딩해 봅니다.

[1] '학생'을 클릭하면 이름이 장면에 출력되도록 코딩하기 위해 상단 메뉴 중에서 [코드]-[코블록스]를 클릭합니다.

[2] [제어]의 블록을 코딩 창으로 드래그하여 연결한 후 [설정] 버튼을 클릭합니다.

[3] [병렬 실행 추가]를 19번 클릭하여 칸을 20개 만듭니다.

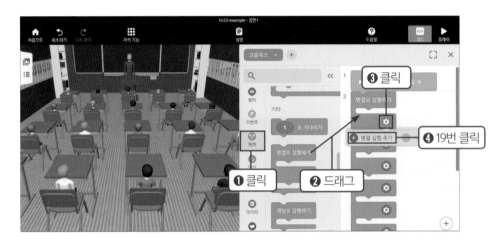

[4] [이벤트], [형태], [아이템] 탭에서 '구지원' 학생을 클릭하면 '구지원' 학생이 2초 동안 구지원의 아이템 이름을 말하도록 코딩을 완성합니다.

클릭 후 [고급자용 코블록스] 클릭

 [아이템] 탭에서 블록을 사용하기 위해 [설정] 버튼을 클릭하고 [고급자용 코블록스]를 클릭합니다.

[5] [4]와 같은 방법으로 20명의 학생 이름을 병렬 코드에 추가합니다.

[6] 작품을 완성하면 [플레이]를 클릭하여 작품을 감상하고 학생의 이름을 확인해 봅니다.

스스로 코스페이시스

예제파일 : https://cospac.es/mTai | 완성파일 : https://cospac.es/S7FW

1| '캐릭터'의 이름을 사람들의 직업으로 변경하고, 코블록스에서 사용할 수 있도록 합니다.

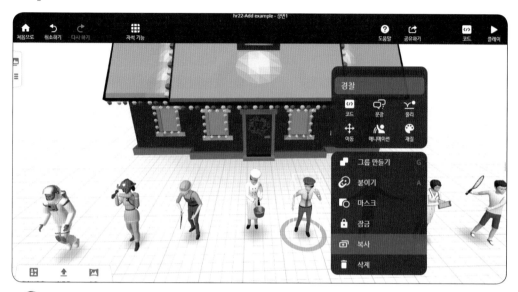

📍 **나와라, 힌트!** '캐릭터'의 [속성] 창에서 이름을 변경하고 [코블록스에서 사용]을 활성화합니다.

2| '캐릭터'를 클릭하면 자신의 직업을 말하도록 코딩을 완성합니다.

📍 **나와라, 힌트!** [코블록스]-[제어], [형태], [아이템] 탭의 블록을 이용하여 문제를 해결합니다.

그룹으로
달리기 경주하기

• 예제파일 : https://cospac.es/o4u3
• 완성파일 : https://cospac.es/5l2g

학습목표

- 달리기 경주를 위한 트랙을 꾸밀 수 있습니다.
- 다양한 오브젝트를 추가하여 캐릭터를 꾸밀 수 있습니다.
- 지정한 키를 눌러 달리기 경주를 진행할 수 있습니다.

1 트랙 꾸미기

여러 트랙 중 하나를 선택하여 나만의 트랙을 만들어 봅니다.

① [크롬(●)]을 실행한 후 [코스페이시스] 홈페이지(https://cospaces.io/edu)에 접속합니다.

② 페이지를 한국어로 번역한 후 [로그인]을 클릭하고 '아이디'와 '비밀번호'를 입력하여 로그인합니다.

③ 과제를 확인하기 위해 [내 학급]-[해당과정]-[hr23-example]을 순서대로 클릭합니다.

④ [hr23-example] 창이 열리면 미션 내용을 확인한 후 [닫기(●)]를 클릭하여 창을 닫습니다.

⑤ 조원들과 상의하여 원하는 '트랙'과 '캐릭터'를 선택합니다.

⑥ '트랙'을 선택한 후 마우스 오른쪽 버튼을 클릭하여 [속성] 창이 나타나면 [재질]을 클릭하여 원하는 재질로 변경합니다.

⑦ [라이브러리]에서 트랙을 꾸밀 오브젝트를 장면으로 드래그하여 나만의 트랙을 만들어 봅니다.

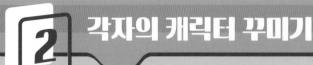

2 각자의 캐릭터 꾸미기

라이브러리를 이용하여 각자의 캐릭터를 꾸며 봅니다.

1 나만의 캐릭터를 만들기 위해 '캐릭터'를 선택한 후 마우스 오른쪽 버튼을 클릭하여 [속성] 창이 나타나면 이름을 변경하고, [코드]-[코블록스에서 사용]을 활성화합니다.

2 이어서 '캐릭터'의 [재질]를 변경한 후 [애니메이션]-[Actions]-[Run]을 선택합니다.

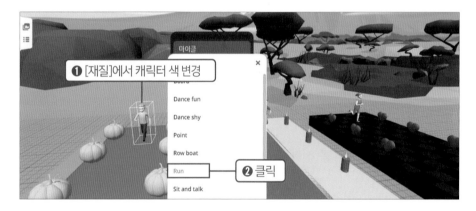

3 나만의 캐릭터를 만들기 위해 [라이브러리]-[아이템]-[악세사리]에서 원하는 오브젝트를 가져와 캐릭터를 꾸밉니다.

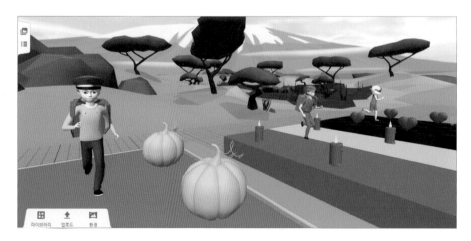

3 달리기 경주하기

캐릭터를 클릭하여 달리기 경주를 할 수 있도록 코딩을 완성해 봅니다.

1 코딩을 하기 위해 상단 메뉴 중에서 [코드]-[코블록스]를 클릭합니다.

2 [제어]와 [동작] 탭에서 블록을 드래그하여 '캐릭터'를 클릭하면 0.1초 동안 앞으로 0.5미터 이동하도록 코딩을 완성합니다.

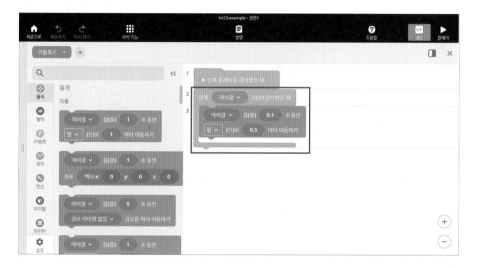

3 '캐릭터'가 달려오다가 자신의 트랙에 있는 '풍선'에 닿으면 '풍선'이 날아가도록 만들기 위해 [코블록스]를 추가합니다.

4 [코블록스]가 추가되면 [제어]와 [동작] 탭에서 블록을 드래그하여 '캐릭터'가 '풍선'에 닿으면 '풍선'이 10초 동안 위쪽으로 50미터 날아가도록 코딩을 완성합니다.

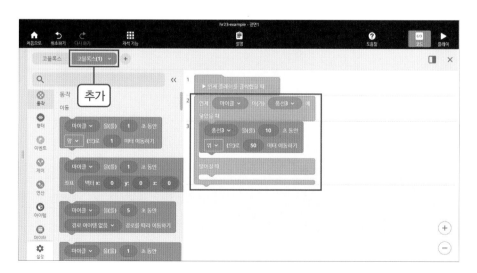

5 작품을 완성하면 상단 메뉴 중 [플레이]를 클릭하여 친구들과 경주를 시작해 봅니다.

예제파일 : https://cospac.es/Gfvz | 완성파일 : https://cospac.es/vbgE

1 | '자동차'가 계속해서 '둥근 경로'를 따라 10초 동안 이동하도록 코딩을 완성합니다.

나와라, 힌트! [코블록스]-[이벤트], [동작] 탭의 블록을 이용하여 문제를 해결합니다.

2 | 건널목에 서 있는 '아이'를 클릭하면 0.1초 동안 앞으로 0.5미터씩 건널목을 건널 수 있도록 코딩을 완성합니다. 이어서 달려오는 '자동차'에 '아이'가 닿으면 프로그램이 종료되도록 코딩을 완성합니다.

나와라, 힌트! [코블록스]-[이벤트], [동작], [제어] 탭의 블록을 이용하여 문제를 해결합니다.

24

그룹으로
쥬라기 공원 만들기

• 예제파일 : https://cospac.es/i3ld
• 완성파일 : https://cospac.es/1sn4

학습목표

• 정글을 꾸밀 수 있습니다.
• 움직이는 공룡을 추가할 수 있습니다.
• 공룡이 카메라를 따라오도록 할 수 있습니다.
• 공룡에게 잡히면 가상현실이 종료되도록 할 수 있습니다.

예제파일을 불러와 미션 나누기

친구들과 함께 미션을 해결하기 위해 미션을 나눠 봅니다.

[1] [크롬(◉)]을 실행한 후 [코스페이시스] 홈페이지(https://cospaces.io/edu)에 접속합니다.

[2] 페이지를 한국어로 번역한 후 [로그인]을 클릭하고 '아이디'와 '비밀번호'를 입력하여 로그인합니다.

[3] 과제를 확인하기 위해 [내 학급]-[해당과정]-[hr24-example]을 순서대로 클릭합니다.

[4] [hr24-example] 창이 열리면 미션 내용을 확인한 후 [닫기(☒)]를 클릭하여 창을 닫습니다.

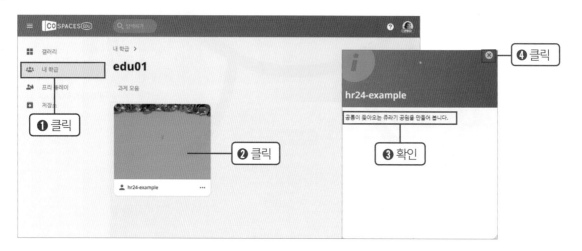

[5] 친구들과 미션을 나누고, 미션을 해결할 친구의 이름을 기록해 봅니다.

	해결할 미션	미션을 해결할 친구
미션 ❶	텅 빈 공간에 정글을 꾸밉니다.	
미션 ❷	정글에 공룡을 추가해 봅니다.	
미션 ❸	공룡을 피할 건물을 만들어 봅니다.	

미션 ❶ [라이브러리]를 이용하여 텅 빈 공간에 물리가 적용된 정글을 만들어 봅니다.

미션 ❷ [라이브러리]를 이용하여 공룡을 추가하고 애니메이션을 지정해 봅니다.

미션 ❸ [라이브러리]를 이용하여 정글 중간에 문이 있는 오두막집을 만들어 봅니다.

 미션 해결하기

선택한 미션을 해결하기 위해 해당하는 미션 페이지로 이동하여 미션 해결 방법을 참고합니다.

2 [미션 ❶] 정글 완성하기

텅 빈 공간에 다양한 나무를 심어 정글을 완성해 봅니다.

1 '공룡'으로부터 숨을 공간을 만들기 위해 [라이브러리]-[자연]에서 '나무'를 장면으로 드래그하고 [라이브러리]를 다시 클릭하여 [라이브러리] 창을 숨깁니다.

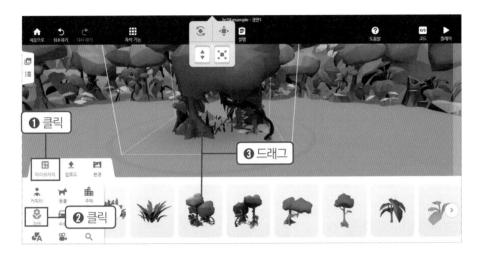

2 '공룡'이 '나무'를 뚫고 지나가지 못하도록 '나무'를 선택한 후 마우스 오른쪽 버튼을 클릭합니다.

3 [속성] 창이 나타나면 [물리]를 클릭하여 [물리]를 활성화한 후 [고정 시키기]를 활성화합니다.

4 이어서 '나무'의 [속성] 창에서 [잠금]을 클릭합니다.

꿀팁 **물리 엔진이란?**

물체에 작용하는 물리적인 현상을 말하는 것으로, 물체가 지나가다가 다른 물체에 닿으면 지나가지 못하거나 물체가 공중에 뜨면 땅으로 다시 떨어지는 현상을 말합니다.

5 나머지 공간에도 '나무'를 추가한 후 [물리]를 활성화합니다.

3 [미션 ❷] 공룡 추가하기

정글에 공룡을 추가한 후 애니메이션을 적용해 봅니다.

1. 정글에 '공룡'을 추가하기 위해 [라이브러리]-[동물]-[육지동물]에서 '공룡'을 장면으로 드래그하고 [라이브러리]를 다시 클릭하여 [라이브러리] 창을 숨깁니다.

2. '공룡'을 선택한 후 마우스 오른쪽 버튼을 클릭하여 [속성] 창이 나타나면 이름을 '공룡1'로 입력하고, [코드]-[코블록스에서 사용]을 활성화한 후 [애니메이션]-[Run]을 클릭합니다.

3. 이어서 [물리]를 클릭하고 [물리]를 활성화합니다.

4. 1~3과 같은 방법으로 '공룡2'~'공룡4'를 추가하여 정글을 꾸밉니다.

4 [미션 ③] 건물 만들기

공룡을 피해 숨을 수 있는 오두막집을 만들어 봅니다.

1. '공룡'이 쫓아오면 피할 수 있는 건물을 만들기 위해 [라이브러리]-[빌딩]에서 '벽돌'을 장면으로 드래그합니다.

2. '벽돌'의 크기를 키우기 위해 [드래그해서 크기 바꾸기(⊠)]를 위쪽으로 드래그합니다.

3. '벽돌'을 선택한 후 마우스 오른쪽 버튼을 클릭하여 [속성] 창이 나타나면 [물리]를 클릭하고 [물리]와 [고정 시키기]를 활성화합니다.

4. [라이브러리]를 클릭하여 [라이브러리] 창을 숨긴 후 Alt 키를 누른 상태로 '벽돌'을 드래그하여 복제합니다.

5. 복제된 '벽돌'을 회전시켜 '벽돌'을 연결합니다.

6. 4~5와 같은 방법으로 '벽돌'을 복제하고 연결하여 그림과 같이 건물을 완성합니다.

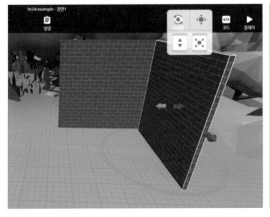
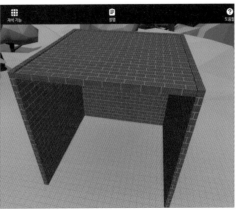

5 [공동 미션] 공룡 코딩하기

공룡이 카메라를 따라오다가 공룡에 닿으면 프로그램이 종료되도록 코딩해 봅니다.

1 코딩을 하기 위해 상단 메뉴 중에서 [코드]-[코블록스]를 클릭합니다.

2 '공룡'과 '카메라'의 거리가 가까워지면 '공룡'이 '카메라'를 따라오도록 [제어], [연산], [동작] 탭의 블록들을 사용하여 무한 반복하여 '공룡'과 '카메라'의 거리가 25보다 작아지면 '공룡1'이 '카메라'를 보면서 1초 동안 앞으로 3미터씩 따라오도록 코딩을 완성합니다.

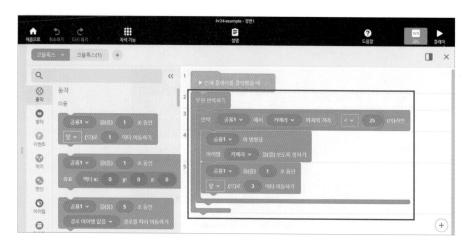

3 '공룡'이 '카메라'에 닿았는지 확인하기 위해 [코블록스]를 추가한 후 [제어], [이벤트] 탭의 블록을 사용하여 무한 반복하여 '공룡1'이 '카메라'에 닿으면 [코스페이시스]가 종료되도록 코딩을 완성합니다.

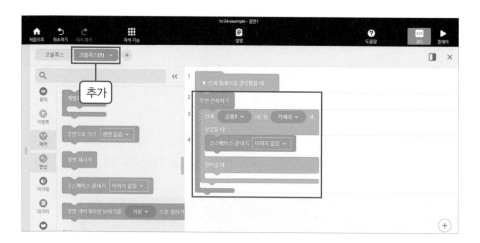

4 **2**~**3**과 같은 방법으로 '공룡2', '공룡3', '공룡4'도 코딩을 완성합니다.

5 작품을 완성하면 상단 메뉴 중 [플레이]를 클릭하여 '공룡'을 피해 도망 다녀 봅니다.

> **꿀팁** '공룡'이 '나무'에 걸려 '카메라'를 따라 이동하지 못하거나 쓰러진다면 '공룡'의 크기를 줄여봅니다.

스스로 코스페이시스

예제파일 : https://cospac.es/aMWe | 완성파일 : https://cospac.es/bL5Z

1 '해적'이 '눈사람'을 통과하지 못하도록 '눈사람'은 [물리] 기능과 [고정 시키기]를 활성화하고, '해적'은 [물리] 기능만 활성화합니다.

📍 **나와라, 힌트!** 오브젝트 [속성] 창에서 [물리]를 이용하여 문제를 해결합니다.

2 '해적'이 '카메라'를 따라 달려오다가 '카메라'에 닿으면 [코스페이시스]가 종료되도록 코딩을 완성합니다.

📍 **나와라, 힌트!** [코블록스]-[제어], [이벤트], [동작] 탭의 블록을 이용하여 문제를 해결합니다.